역사의 블랙박스

왜성 재발견

역사의 블랙박스, 왜성 재발견

초판 1쇄 발행 2016년 7월 15일
개정판 1쇄 발행 2021년 5월 3일

지은이 신동명 최상원 김영동
펴낸이 강수걸
편집장 권경옥
편집 박정은 윤은미 강나래 최예빈 김리연 신지은
디자인 권문경 조은비
경영지원 공여진
펴낸곳 산지니
등록 2005년 2월 7일 제333-3370000251002005000001호
주소 부산시 해운대구 수영강변대로 140 BCC 613호
전화 051-504-7070 | 팩스 051-507-7543
홈페이지 www.sanzinibook.com
전자우편 sanzini@sanzinibook.com
블로그 http://sanzinibook.tistory.com

ISBN 978-89-6545-719-0 03910

편견의 역사를 바로잡는 새로운 역사 인식의 단초

역사의 블랙박스
왜성 재발견

신동명 · 최상원 · 김영동 지음

산지니

왜성은 16세기 말 조선 전역에서 벌어진 임진왜란이라는 한·일·중 동북아 3국 간의 7년 국제전이 남긴 특수한 산물이다. 공간상으로는 부산을 중심으로 울산에서 전남 여수까지 한반도 동남해안 일대에만 분포해 있다. 이제는 일본 안에서도 보기 드문 일본 고유 양식 성곽의 원형이 우리 땅에 남아 있는 것이다.

임진왜란은 이제 책에서나 확인할 수 있는 420여 년 전 역사로 흘러갔지만, 왜성은 당시 현장의 기억을 아직까지 고스란히 간직하고 있다. 역사의 진실을 그대로 간직한 '블랙박스'인 셈이다. 실제로 임진왜란 첫 전투인 부산진성 전투에서부터 마지막 해전인 노량해전에 이르기까지 모두 왜성을 통해 현장을 확인할 수 있고, 그 당시 상황을 돌이켜볼 수 있기 때문이다.

조선은 임진왜란이 끝난 뒤 일부 왜성을 수군 주둔지 등으로 쓰기도 했지만, 20세기 초 일제강점기를 겪은 우리 국민들 사이엔 왜성을 '왜군이 조선을 침략해 쌓은 민족 치욕의 상징물'로 바라보는 시각이 만연하다. 바로 근처에 있는 왜성을 애써 모른 척 방치하게 됐고, 세월이 지남에 따라 왜성이라는 존재조차 모르는 사람도 적지 않게 됐다.

아픈 역사에 대한 외면은 왜성을 사라지게 만들었다. 부산 박문구왜성과 경남 양산시 호포왜성은 관공서 건물과 지하철 기지창 건설 등 개발 바람에 휘말려 문화재 조사조차 제대로 이뤄지지 않은 채 흔적도 찾아볼 수 없게 완전히 사라졌다. 나머지 왜성들도 대부분 묘지, 농경지 등으로 활용되면서 빠르게 훼손되고 있다. 멸실 직전인 왜성도 여럿 있다.

왜성이 이렇게 홀대받게 된 것은 관련 학계와 언론의 책임이 크다. 왜성 관련 한국 학자들의 논문은 여러 편 있으나, 왜성을 본격적으로 다룬 책은 지금껏 단 한 권도 없다. 심지어 국내 대부분 논문은 일본 학자들이 조사해서 그린 왜성 구조도를 그대로 사용하고 있을 정도다. 전체 왜성을 소개하거나 조망하는 언론보도 역시 2015년 하반기 〈한겨레〉 보도 이전까지 전혀 없었다. 상황이 이렇다 보니 문화재청 등 문화재 관련 기관이나 관할 지방자치단체 역시 왜성에 큰 관심을 보이지 않고 있다.

그러나, 왜성은 16세기 한·일 관계사의 규명되지 않은 역사적 비밀을 고스란히 담고 있다. 게다가 왜성은 일반인 누구나 접근할 수 있는 가까운 곳에 있다. 이에 우리 가까이에 있는 왜성을, 다시는 되풀이하지 말아야 할 역사적 교훈으로 삼아야 한다는 목소리가 커지고 있다.

임진왜란이라는 우리 역사의 한 부분을 증명하는 사실상 유일한 역사적 증거물이자, 16세기 말 우리 조상이 절체절명의 국난을 마침내 극복하고 얻은 전리품으로 왜성을 인식해야 한다는 것이다. 그렇다면, 왜성은 청소년 역사 교육의 훌륭한 교재로 볼 수 있다. 조금 더 넓게 본다면, 국제적 관광자원으로 활용할 수 있는 가능성도 크다고 할 수 있다.

이에 신동명, 최상원, 김영동 등 〈한겨레〉 기자 3명은 한국 언론

사상 최초로 31개 왜성 전체를 소개하는 시리즈 기사를 2015년 하반기 〈한겨레〉 지면과 인터넷(http://www.hani.co.kr)에 게재했다. 이 기사를 재정리해 묶은 것이 『역사의 블랙박스, 왜성 재발견』이다. 이 책은 16세기 후반에 일어난 한·일·중 동북아 3국의 국제전쟁인 임진왜란과 이 전쟁 과정에서 탄생한 왜성을 통해 우리 역사의 아픈 과거를 21세기 현대적 시각에서 재해석한 것이다.

왜성 재발견 시리즈를 무사히 마무리하고 책으로까지 낼 수 있었던 것은 왜성 관련 국내 최고 전문가인 나동욱 부산박물관 문화재조사팀장의 도움 덕택이었다. 나동욱 박사는 시리즈 기획단계에서부터 참여해 왜성에 대해 사실상 백지상태였던 필자들을 이끌어주며 31개 모든 왜성의 현장취재에 동행했다.

또한 한삼건 울산대 디자인·건축융합대학장, 이은호 낙동문화원 사무국장, 김종국 김해문화원 이사, 정해룡 『고성군지』 상근집필위원, 공대원 사천문화원 사무국장, 송중환 부산 기장군 소름요 대표, 황구 기장문화원 향토문화연구소장 등 여러분의 도움도 컸다. 부산박물관, 경남문화재연구원, 한겨레문화재연구원, 울산 충의사, 부산시, 울산시, 순천시 등의 도움도 크게 받았다.

끝으로 〈한겨레〉에 실린 왜성 재발견 시리즈를 눈여겨봤다가 책으로 펴내자고 제안해주신 산지니 출판사의 강수걸 대표, 권경옥 편집장, 정선재 편집자께 감사드린다.

2016년 이른 봄
신동명·최상원·김영동 일동

『역사의 블랙박스, 왜성 재발견』
발간에 즈음하여

왜성은 임진왜란과 정유재란 때 한국 남해안 일대에 조선군의 공격에 대비하여 왜군이 그들의 근거지를 확보하기 위해 쌓은 일본식 성을 말한다. 현재 30여 개의 성이 알려져 있으며, 이 가운데 순천왜성을 제외하면 대부분 일본과 가까운 경상도 해안을 중심으로 강이나 바다 인근의 독립된 산에 축성되었다. 물론 당시 함경도와 평안도까지 점령하는 과정에서 내륙에도 일본군에 의해 쌓은 왜성도 다수 있을 수 있으나 몇몇 확인된 경우를 제외하고는 조사 사례가 거의 없는 상황이다.

왜성이란 명칭은 임진왜란 당시부터 쓰인 용어는 아니다. 당시에는 적의 소굴이라고 '적굴(敵窟)'이라 하거나 '왜의 진영(陣營)' 등으로 표현되었다. 왜성을 지칭하는 용어로 증성(甑城)이라는 용어가 18세기 문헌에 보이고 19세기 고지도에 왜성이란 표기도 보이고 있어 왜성이란 용어는 후대에 사용되었음을 알 수 있다. 일본 측에서는 당시 조선의 지명 뒤에 성을 붙여 지칭하고 있으며 일제강점기 이후 지금도 '왜'자를 빼고 왜성이 소재하고 있는 지명 뒤에 성을 붙여 부르고 있다. 이럴 경우 한국의 성과 구분이 되지 않기 때문에 관련 학계나 문화재청에서는 지역명에 왜성을 붙여 부르고 있다.

"역사를 잊은 민족에게 미래는 없다"는 말이 있다. 외세의 침략

에 대한 경계의 말이기도 하지만 교훈의 의미가 더욱 크게 느껴진
다. 역사상에는 기쁨의 역사와 슬픔의 역사가 공존하고 있다. 이러
한 역사는 개인사에 있어서도 마찬가지며 이러한 사실이 날줄과 씨
줄이 되어 현재의 역사가 우리에게 존재하는 것이다. 과거의 역사적
사실에서 어두운 부분만을 들어내고 싶어도 어쩔 수 없이 함께해야
하는 것이 과거의 역사이며, 단절의 역사, 망각의 역사가 존재한다
면 그것은 우리의 존재를 부정하는 것이 되기 때문에 희망의 미래
는 존재할 수 없다.

　왜성을 바라보는 시각에서도 왜성은 임진왜란의 침략을 대변해
주는 침략자의 상징 유적으로 인식되어왔던 것이 사실이다. 한때,
지정문화재에서 해제되어 우리 역사에 있어 미아가 될 뻔한 적도
있으며, 허물어버리자는 극단적인 주장도 있었다. 이것은 일제강점
기 침략의 역사와 맞물려 '왜'자가 들어간 글자만 보면 민감한 반응
을 보이는 왜 콤플렉스의 한 사례이기도 하다. 다행히 현재는 지방
기념물로서 타 문화재와 동등한 문화재로 보호받고 있으나 개발과
맞물려 왜성을 바라보는 무관심과 곱지 않은 시선은 여전하다고
할 수 있다.

　한겨레신문사에서 '역사의 블랙박스, 왜성 재발견'이라는 기획을
하게 된 것도 우리의 입장에서 왜성을 새롭게 조명해보자는 의도에
서였을 것이다. 아무도 관심을 갖지 않는 왜성을 다룬 것은 편견의
역사를 바로잡으려는 새로운 역사 인식의 단초를 제공한 것으로 평
가된다. 영남지역의 한겨레 신문기자들이 길 아닌 길을 만들어가면
서 모기와 해충의 성가심도 마다하고 가시에 찔려가며 손과 발로
그려낸 이 결정체는 전문적인 용어를 피하면서도 복잡한 왜성의 생

김새를 독자들이 이해하기 쉽게 노력한 흔적이 보인다. 단순한 보도가 아닌 역사적 산물을 되새겨 보면서 어떻게 하면 우리의 관점에서 역사적 장소에 생명력을 불어넣느냐를 밤새워 고심한 흔적이 곳곳에 엿보인다. 우리가 타임머신을 타고 당시의 현장으로 갈 수는 없지만 현재 남겨진 유적과 역사적 기록을 근거로 하여 우리 선조들이 처한 당시의 상황을 재조명하고 반성해보는 것도 의미 있는 일로 생각된다.

왜성은 일본 성곽의 발달과 변천사를 연구함에 있어 중요한 단서를 제공하고 있다. 일본의 경우 지진과 인위적 파괴, 반복되는 수리로 인하여 왜성과 같은 시기에 온전하게 남아 있는 성곽은 손가락으로 헤아릴 정도이다. 해마다 일본의 아마추어 연구자는 물론 일본인 학자가 한국에 있는 왜성을 답사하고 조사하고 있는 것도 이러한 이유 때문일 것이다.

그들의 속내는 어떠할지 모르겠으나 곳곳에 흩어져 있는 왜성도 우리 역사의 한 단면이며, 우리 땅에 남아 있는 엄연한 우리의 문화유산이다.

우리가 이것을 잘 보존하여 과거 역사의 증거물로서 귀감으로 삼는 동시에 역사교육의 장소로서 활용하고 이해하는 데 이 책이 적지 않은 역할을 하리라 믿는다.

부산박물관 문화재조사팀장 나동욱

차례

노량해전이 임진왜란 7년 전쟁의 마지막 전투이자, 이순신 장군
이 전사한 전투라는 것은 누구나 알고 있다. 하지만 조·명 연합 수
군과 왜군 수군 사이 최후의 전투가 임진왜란 당시 왜군 본거지였
던 부산 앞바다가 아니라 부산에서 300리나 떨어진 경남 하동군과
남해군 사이 좁은 바닷길인 노량해협에서 벌어진 이유를 아는 사람
은 많지 않다.

2005년 4월 부산 동래구 부산도시철도 4호선 수안역 공사현장
에서 81명의 유골이 쏟아져 나왔다. 유골에선 칼에 베이거나, 활·
총·둔기 등에 맞은 흔적이 뚜렷이 남아 있었다. 언론은 1592년 임
진왜란 당시 왜군에게 희생된 백성들의 유골이 발굴됐다고 보도했
다. 하지만 왜 하필 이곳에서 420여 년 전 숨진 이들의 유골이 쏟아
져 나왔는지 아는 사람은 많지 않다.

왜 노량해협에서 임진왜란 최후의 전투가 벌어졌는지, 왜 부산
동래에서 임진왜란 때 희생된 이들의 유골이 무더기로 발굴됐는지
를 이해하려면 먼저 '왜성'을 알아야만 한다.

1592년 음력 4월 13일 부산포에 상륙하며 임진왜란을 일으킨 왜
군은 곧바로 부산진성과 동래읍성을 함락시킨 뒤 파죽지세로 북상
해 5월 3일 조선의 수도인 한양을 점령했고, 6월 14일 평양까지 진출
했다. 하지만 왜군은 조·명 연합군의 반격, 의병 봉기, 조선 수군의
활약 등으로 수세에 몰리자 이듬해 4월 한양 이남으로 후퇴했다.

조선에 침략한 직후부터 부산에 전진기지 구실을 할 성을 쌓기 시작했던 왜군은 1593년 남쪽으로 후퇴한 이후 명나라와 강화교섭을 진행하면서 부산을 중심으로 한 동남해안에 집중적으로 성을 쌓았다. 1597년 강화교섭이 결렬되자, 왜군은 정유재란을 일으켰고 전라도와 충청도를 확보하기 위해 울산, 경남, 전남 등에 추가로 성을 쌓았다.

왜군이 조선에서 7년 동안 전쟁을 벌이며 울산에서 전남 순천까지 한반도 동남해안 일대에 쌓은 성은 현재 행정구역으로 부산 11개, 울산 2개, 경남 17개, 전남 1개 등 모두 31개이다. 왜군이 임진왜란 때 조선에 설치한 군사시설은 훨씬 많지만, 관련 학계가 성으로 인정하는 것은 현재까지 31개가 전부이다.

이들 성은 왜군이 쌓았다고 해서 왜성으로 불린다. 대부분 왜성은 강이나 바다 근처의 사방을 내려다볼 수 있는 독립된 구릉에 자리 잡고 있다. 왜군은 전략적 요충지에 본성을 쌓고, 본성 근처에 방어를 돕는 요새 격의 지성을 배치했다.

왜성은 산꼭대기나 산허리를 깎아 가장 높은 곳에 전투지휘소인 천수각을 세워 주위에 본성곽을 구축하고, 그 아래쪽으로 여러 단계의 성곽을 겹겹이 두른 모양새를 하고 있다. 마을 중심부를 하나의 성곽으로만 둘러싼 조선의 읍성과는 다르다. 조선의 읍성은 한 군데라도 성벽이 뚫리면 쏟아져 들어오는 적군을 막는 데 심각한 문제가 생기지만, 왜성을 점령하려면 겹겹이 둘러친 성곽을 바깥에서부터 하나씩 차례로 뚫어야 한다. 방어하기에 좋은 구조로, 실제로 임진왜란 7년 동안 조·명 연합군에 의해 점령된 왜성은 단 하나도 없었다.

1990년대 중반까지 우리 정부는 주요 왜성을 국가지정문화재로 지정해 관리했으나, 1997년 왜성의 문화재 가치 등급을 지방기념물 또는 문화재자료로 낮췄다. 이후 왜성은 왜군이 쌓은 성이라는 인식과 우리 민족 치욕의 상징물이라는 이유로 사실상 방치되고 있다. 묘지나 농경지로 활용되는 곳도 있다. 대부분 사람에겐 왜성 존재 자체가 생소한 상황이다.

하지만 이제는 왜성에 대한 인식을 바꿀 필요가 있다.

1592년 조선을 침략한 왜군이 이듬해부터 남해안에 집중적으로 성을 쌓은 것은 성에 의지해 조·명 연합군의 공격 등에 최대한 버티다가 여의치 않으면 바닷길을 통해 일본으로 안전하게 철수하려 했기 때문이다. 따라서 왜성은 치욕의 상징물이 아니라, 임진왜란이라는 절체절명의 국난을 극복한 우리 조상이 자손들에게 당당히 물려준 전리품이다.

또한 왜성은 16세기 이후 한·일 간 축성 교류 역사를 살펴볼 수 있는 중요한 유적이다. 임진왜란 전 조선의 읍성은 백성을 보호하는 행정 목적의 성이었다. 하지만 전쟁이 끝난 뒤 조선의 읍성 축성 방식에 변화가 나타났다. 남한산성·수원화성 등 전쟁 이후 건설한 성의 성벽 각도는 예전 읍성처럼 수직이 아니라 왜성처럼 비스듬하다. 성벽 각도가 비스듬하면 수직보다 튼튼하며 방어하기에도 좋다. 성벽 모서리 부분도 왜성처럼 돌의 길고 짧은 면을 엇갈리게 쌓아 올렸다. 본성 바깥에 외성을 둘러 방어력도 높였다. 방어전략도 읍성 중심 수비체제에서 산성 중심으로 전환했다.

임진왜란 이후 일본의 축성 기법에도 변화가 생겼다. 전쟁 뒤 축성된 일본 성엔 조선 읍성처럼 성벽에 치(雉)와 같은 네모난 모양의 돌출 구조물이 들어섰다. 성벽의 돌출 구조물은 성벽에 달라붙은 적들을 양쪽에서 협공할 수 있어 성의 방어력을 높이는 구실을 한다. 또 전쟁 뒤 일본을 지배하게 된 에도막부 시대에 축성된 성 부근엔 행정 관청이 들어섰는데, 이는 수성(守成)과 전투원 보호 목적으로만 건설됐던 이전 성에 백성을 보호하는 행정 목적의 조선 읍성의 특징이 더해진 것으로 볼 수 있다. 조선의 읍성이 일본의 통치 방식에까지 영향을 미쳤다고 볼 수 있는 것이다. 현재 일본엔 에도 막부 시대 이전의 성이 거의 남아 있지 않아, 학계는 우리나라의 왜성을 일본 성 축조 역사를 연구하는 중요한 자료로 보고 있다.

왜성은 16세기 말 한·일·중 동북아 3국이 벌인 국제전쟁의 실체적 증거이자 사료이다. 그럼에도 여전히 왜성은 16세기 한·일 교류 역사에서 아직 밝혀지지 않은 비밀을 고스란히 담고 있는 '블랙박스'이다.

1
왜군, 부산에 왜성을 쌓다

부산 증산·자성대·박문구·추목도 왜성

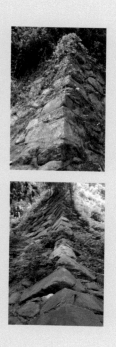

1. 왜군, 부산에 왜성을 쌓다

부산 증산·자성대·박문구·추목도 왜성

왜군 선봉을 맡은 고니시 유키나가(小西行長)는 1592년(선조 25년) 음력 4월 13일 아침 대군을 이끌고 쓰시마를 출발해 이날 저녁 부산 앞바다에 도착했다. 왜군의 첫 공격 목표는 부산진성이었다.

부산 동구 좌천동에 있었던 부산진성은 첨절제사 정발 장군이 지키고 있었다. 왜군 침략 보고를 받은 정발 장군은 급히 군사와 백성을 끌어모았지만, 그 수는 수백 명에 불과했다.

왜군은 이튿날인 14일 아침 부산진성을 겹겹이 에워싸고 "길을 빌려달라"는 내용의 목판을 성 앞에 세웠다. 정발 장군은 이를 무시했다. 왜군은 조총을 쏘며 공격했고, 조선군은 화살과 돌을 던지며 성을 지켰다. 정발 장군은 성의 서문에서 분투했지만, 수적 열세에

◀ 부산 동구 좌천동 증산공원에 있는 증산왜성 2곽 성벽.
시멘트를 곳곳에 덧칠해 옹벽이 된 상태이다.

밀려 전사했다. 이날 오후 부산진성은 왜군 손에 떨어졌다. 왜군은 임진왜란 첫 전투인 부산진성 전투에서 최후까지 용맹하게 그들을 막아선 정발 장군을 '검은 옷을 입은 장군(흑의장군)'으로 기록하고 있다.

임진왜란 초기 왜군은 부산항이 한눈에 내려다보이는 부산 동구 범일동 · 좌천동의 해발 130m 증산 꼭대기를 깎고 일본식 석성을 쌓아 7년 전쟁 기간 내내 이 성을 사용했다. 조선에 건설된 최초의 왜성인 '증산왜성'이다.

왜군은 또 증산왜성에서 동쪽으로 1km가량 떨어진 곳에 지성(枝城) 격인 자성대왜성을 쌓았다. 본성인 증산왜성 방어와 해상 보급로 확보를 위해서였다. 이어 왜군은 부산 앞바다를 감시하려고 영도 동삼동 언덕 또는 현재 한국해양대가 있는 영도 앞 조도로 추정되는 추목도에도 왜성을 세웠다. 경남 거제 쪽에서 들어오는 조선 수군을 감시하려고 중구 중앙동 옛 부산시청사 쪽엔 박문구왜성을 쌓았다. 증산왜성과 주변 3개의 지성이 유기적인 방어체계를 구축한 것이다.

이로써 부산은 왜군에게 임진왜란을 시작하고부터 1598년 일본으로 철수할 때까지 병력 보충, 전쟁 물자 보급, 일본 본토와의 연락을 위한 전진기지 구실을 했다.

하지만 이순신 장군이 이끄는 조선 수군의 위력 앞에서 이들 4개 왜성은 방어기지 구실밖에 못했다. 전라좌수사 이순신, 전라우수사 이억기, 경상우수사 원균 등은 전함 166척으로 연합함대를 편성해 1592년 9월 1일 왜군의 본거지였던 부산포 앞바다로 진출했다. 당시 부산포에 정박해 있던 왜군 함선은 430여 척에 이르렀다.

조선 수군 전함대는 길게 늘어서는 장사진(長蛇陣)을 펼쳐 포구로 돌진했다. 왜군은 배를 버리고 육지로 올라가 조총을 쏘며 저항했다. 조선 수군은 이날 밤 전투를 마치고 돌아갈 때까지 왜군 함선 100여 척을 격침하거나 불태웠다. 부산포해전 이후 왜군은 조선 수군의 공격에 대해서는 정면 대응을 피하고 왜성에 틀어박혀 해전을 회피하는 전법을 주로 사용했다.

부산시는 1980년 부산포해전 승전을 기념해 이날의 양력 날짜인 10월 5일을 '부산시민의 날'로 지정했다. 부산 중구 용두산공원에 가면 부산항을 바라보며 우뚝 서 있는 이순신 장군 동상을 볼 수 있다.

임진왜란 최초의 왜성, 증산왜성

초기 증산왜성은 진지 정도의 기본적 군사 구조물만 갖추고 있었던 것으로 추정된다. 증산왜성이 본격 축성된 때는 1593년 3월이다. 왜장 모리 데루모토(毛利輝元)가 8월까지 5개월 동안 1만여 명을 동원해 성을 만들었다. 왜군은 부산진성을 파괴해 증산왜성에 필요한 석재를 조달했다.

증산왜성은 모리 데루모토가 지켰다. 모리는 왜군 장수 가운데 가장 많은 3만 명의 병사를 이끌고 조선에 건너왔다. 그는 경상도 지역에서 후방 병참선을 확보하는 임무를 맡았다. 전진기지 구실을 하는 증산왜성에 주둔한 것도 이 때문이었다. 7년 전쟁 동안 그의 뚜렷한 전투기록은 찾아볼 수 없다. 모리 테루모토는 병에 걸려 임진왜

부산 동구 좌천동 증산공원에 있는 증산왜성 2곽 성벽.
성벽 아래 부분에 시멘트를 덧칠한 상태이다.

란에서 벌어진 각 전투에 적극적으로 참여하지 않았기 때문이다.

왜성은 산꼭대기나 산허리를 깎아 가장 높은 곳에 전투지휘소인
천수각을 세워 주위에 본성곽을 구축하고, 그 아래쪽으로 여러 단
계의 성곽을 겹겹이 두르는 모양새를 하고 있다. 증산왜성은 본성
곽인 제1곽부터 차례로 제4곽까지 갖추고 있다. 남아 있는 성벽의
전체 길이는 1200m가량이며 높이는 5~6m이다. 증산왜성 대부분
지역은 현재 증산공원으로 지정돼 있고 일부는 도서관, 아파트와
단독주택, 농경지로 사용되고 있다.

증산왜성 3곽의 동북쪽 끝자락에는 부산 동구도서관이 들어서

부산 동구 좌천동 증산공원에 있는 증산왜성 1곽에서 동쪽 방향으로 바라본 모습. 거북 등처럼 보이는 곳이 자성대왜성터이다.

있다. 이쪽 성벽은 도서관이 지어지면서 대부분 사라졌다. 도서관 뒤쪽 아래엔 3곽 성벽 일부분이 남아 있다. 길이 70~100cm, 두께 40~50cm의 네모난 돌들이 성벽 기초를 이루고 있다.

도서관 맞은편 증산공원으로 올라가는 계단엔 높이 4m가량의 2 곽 성벽이 남아 있다. 계단 위 2곽 자리는 게이트볼 경기장과 쉼터 로 바뀌었다. 쉼터 옆 산책길엔 5m가량 높이의 2곽 성벽이 길게 늘 어서 있다. 성벽 각도는 비스듬하다. 왜성벽의 전형적인 모습이다.

남쪽에는 한켠에 편편한 돌, 깨부순 돌, 잘린 면에 나무 쐐기 형 태가 남아 있는 돌이 여기저기 흩어져 있다. 성벽을 쌓기 위해 돌을 가공한 흔적이다. 관련 학계의 정밀 검증이 필요하지만, 증산왜성지가 문화재 보호구역이 아니기 때문에 방치되고 있다.

증산공원 남동쪽의 증산왜성 4곽 지역엔 현재 금성맨션이 들어서 있다. 이곳의 동쪽 계단엔 높이 5m의 성벽 일부가 남아 있다.

증산공원 꼭대기로 가는 길에는 3~4m 높이의 1곽 성벽이 있는데, 곳곳이 시멘트로 얼룩져 있다. 산꼭대기에는 축구장 1개 면적의 1곽이 있다. 전투지휘소인 천수각이 있었던 곳으로 추정되는 1곽의 서쪽 모서리에는 농구장이 들어섰다. 남동쪽에는 동구가 만든 3층짜리 전망대가 있다.

1곽 자리에선 부산항 전체가 내려다보인다. 증산왜성의 방어를 돕는 요새 격 지성인 자성대왜성도 눈 아래 보인다. 증산왜성 꼭대기에서는 부산항을 오가는 배들을 한눈에 살필 수 있다. 왜군은 전략적 요충지인 증산에 조선 침략의 전진·병참기지를 구축해 7년 동안 전쟁을 치렀다. 방치되고 있는 증산왜성에 대한 본격적인 연구를 위해서라도 보존 대책이 필요하다.

증산왜성의 방어 요새, 자성대왜성

부산시 지정기념물 제7호 자성대왜성(부산진지성)은 동구 범일동의 해발 36m 구릉에 자리 잡고 있다. 현재는 자성대공원이다. 이 성은 본성인 증산왜성의 방어를 돕는 요새 격인 지성으로 왜장 모리 데루모토 부자가 1593년 쌓았다.

자성대라는 이름 유래에 대해선 조선군의 부산진성을 모성으로

부산 동구 범일동의 자성대공원에 남아 있는 자성대왜성 1곽 성벽 모습.
원래 모습 그대로 남아 있다. 이 성벽 위에는 전투지휘소인
천수각이 있었던 것으로 보인다.

하고 그에 딸린 성을 뜻한다는 주장과, 임진왜란 당시 왜군이 낮은 구릉인 이곳에 자성을 만들고 장수가 지휘하는 장대를 세웠다는 뜻이라는 관련학계의 학설들이 있다.

또 자성대왜성은 고니시 유키나가가 잠시 주둔했다는 이유로 고니시성이라고 불리기도 한다. 또 정유재란에 참전해 전쟁이 끝난 뒤 자성대왜성에 주둔했던 명나라 장수 만세덕의 공을 기리는 제단과 비석이 있었다고 해 만공대라고 불리기도 한다.

자성대왜성은 임진왜란 당시 바다와 맞닿아 있어 배를 정박시킬 수 있었다. 정유재란 때인 1598년 왜장들이 주고받은 편지글을 보면 "자성대왜성에 구덩이를 파서 배가 바다에서 들어올 수 있도록 했다"고 적혀 있다. 관련 학계는 왜군이 일본 본토에서 싣고 온 보급물자와 병력을 자성대왜성을 통해 배치했을 것으로 보고 있다.

자성대공원 탐방길을 따라 올라가면 6m가량 높이의 2곽 성벽이 나타난다. 공원 꼭대기로 올라가면, 높이 7~8m의 1곽 성벽이 보인다. 북서쪽의 1곽 성벽 20m 구간은 왜성식의 비스듬한 성벽 모습을 그대로 간직하고 있다. 성벽은 비교적 옛 왜성의 모습을 그대로 보존하고 있다. 전쟁 뒤 조선 수군이 이 성을 보수해 사용했다고 한다. 일부 성벽에서는 돌들이 덧대어진 흔적이 나타났다. 왜군이 정유재란 때 성벽을 확장하고 고친 흔적으로 보인다. 하지만 3곽 대부분은 일제강점기 시가지 확장을 위한 매립공사로 대부분 땅에 파묻히거나 사라진 상태이다.

공원 꼭대기인 1곽의 한쪽에는 체육시설과 쉼터가 있다. 전투지휘소인 천수각은 1곽 북서쪽 지점에 있었던 것으로 추정되는데, 현재 배드민턴 경기장이 들어서 있다. 남서쪽 지점에는 조선군의 전

역사의 블랙박스, 왜성 재발견

부산 동구 범일동의 자성대공원 꼭대기 남서쪽에는
조선군 전투지휘소인 진남대가 세워졌다. 1974년 만들어진 것으로
자성대왜성과는 상관없는 구조물이다.

___

투지휘소인 진남대가 있고, 바로 옆에는 명나라 장수로 정유재란
때 참전했다가 조선으로 귀화한 천만리 장군의 비석이 세워져 있
다. 모두 해방 이후 세워진 것이다.

   자성대공원 동남쪽에 있는 조선통신사 역사관의 뒤편엔 자성대
왜성 2곽 성벽 일부가 남아 있다. 하지만 콘크리트 옹벽 구조물이
성벽을 대부분 가린 상태다. 제대로 된 문화재 조사 없이 2곽 성벽
앞에 그대로 옹벽을 설치한 상태였다.

부산 영도구 봉래산에서 바라본 부산 앞바다 모습.
부산항을 오가는 선박들을 한눈에 확인할 수 있다. 정확한 위치가
확인되지 않은 추목도왜성은 영도구 쪽의 산이나 한국해양대가 있는
영도 앞 조도에 있었을 것으로 추정된다.

기록에만 남아 있는 추목도·박문구왜성

추목도왜성은 부산항 앞바다로 들어오는 선박을 감시하는 목적
으로 세워졌다. 영도에 있는 구릉과 산, 섬에선 맞은편에 있는 감만
동과 신선대까지 관측이 용이하기 때문이다. 하지만 이 왜성의 위
치는 정확하게 확인되지 않고 있다. 학계는 영도구 동삼동 해안 구
릉 위에 있었거나, 현재 한국해양대가 있는 영도 앞 조도에 있었을

역사의 블랙박스, 왜성 재발견

것으로 추정하고 있다.

　박문구왜성은 용두산에서 남쪽으로 이어지는 용미산에 있었다고 하는데, 부산항 매립 등 개발 바람에 휘말려 현재 용미산은 흔적도 없이 사라진 상태이다. 학계는 박문구왜성의 위치를 중구 중앙동 옛 부산시청사 주변으로 추정하고 있다. 현재 이곳엔 롯데백화점이 들어서 있다. 이곳은 영도를 마주보는 폭 300m가량 좁은 해협으로, 경남 거제 쪽에서 부산항으로 들어오는 선박을 감시하고 공격하기 쉬운 위치다.

　하지만 추목도왜성과 박문구왜성의 위치는 여전히 제대로 파악되지 않고 있다. 개발 등에 휘말려 왜성이 사라졌기 때문이다. 들어선 건물 때문에 왜성 터로 추정되는 땅을 파헤쳐 조사할 수도 없다. 그렇게 왜성은 우리 곁에서 사라지고 있다.

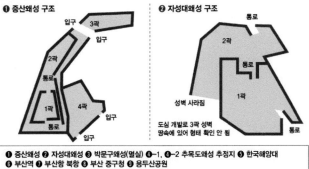

증산왜성 : 부산 동구 범일동 산 81-28

주변 관광지 : 자성대공원, 동구 이바구길, 국제시장, 자갈치시장

자성대왜성 : 부산 동구 범일동 590-5

주변 관광지 : 동구 이바구길, 국제시장, 자갈치시장

역사의 블랙박스, 왜성 재발견

2
동래읍성의 아픔을
420년 만에 발굴하다

부산 동래왜성

2005년 4월 부산 동래구 수안동 부산도시철도 4호선 수안역
공사현장에서 발견된 동래읍성 유적. 처참했던 1592년 음력 4월 15일
동래읍성 전투상황을 그대로 간직한 유적이다.(경남문화재연구원 제공)

역사의 블랙박스, 왜성 재발견

2. 동래읍성의 아픔을 420년 만에 발굴하다

부산 동래왜성

2005년 4월 부산 동래구 수안동 부산도시철도 4호선 수안역 건설현장에서 소동이 벌어졌다. 조선시대 동래읍성 주위에 있던 것으로 추정되는 성곽 방어시설 '해자(垓字)'가 발견된 것이다.

경남문화재연구원은 곧바로 발굴조사에 들어갔다. 성곽을 따라 땅을 길게 판 해자에선 철판을 이어 만든 갑옷과 투구, 환도, 창, 화살촉 등 전투 흔적이 고스란히 남아 있는 유물들이 쏟아져 나왔다.

가장 놀라운 것은 전쟁의 처참한 흔적이 남아 있는 사람뼈였다. 해자 밑바닥에선 남자 59명, 여자 21명, 어린이 1명 등 모두 81명의 뼈가 발굴됐다. 이 가운데 8명의 두개골에선 칼에 베이거나, 활이나 총, 둔기 등에 맞은 흔적이 드러났다

뒤쪽에 구멍이 뚫린 20~40대로 추정되는 남자의 두개골, 두 차례나 칼로 잘려나간 흔적이 남아 있는 20대 여성 두개골 등이

발견됐다. 총이나 활이 관통한 다섯 살가량 어린아이의 두개골도 나왔다.

고고학계는 발굴된 사람뼈의 평균키와 생김새를 종합적으로 검토해, 이들은 모두 조선인이며, 1592년 음력 4월 15일 임진왜란 당시 동래읍성 전투상황을 그대로 간직하고 있다고 밝혔다. 임진왜란 유적에서 처음으로 사람뼈가 나온 것이다. 임진왜란 전 조선군 보급물품과 일본 창이 발견됐다는 점도 임진왜란의 전투 흔적이라는 사실을 뒷받침한다.

그곳에서 발견된 다섯 살가량 어린이 두개골에는 구멍이 뚫려 있었다. 관련 학계는 상흔과 경사도, 깨진 정도를 종합하면 왜군의 조총 탄환이나 유탄이 다섯 살가량의 어린이의 머리를 관통한 것으로 분석했다.

20대 여성의 전두골은 칼로 예리하게 잘려나간 흔적이 있었다. 두정골도 칼로 베인 흔적이 나타났다. 각도로 볼 때 고개 숙인 여인을 칼로 위에서 내리친 것으로 추정된다. 왜군이 고개 숙인 20대 조선 여성을 칼로 두 차례나 내리친 것이다. 이렇듯 임진왜란 당시 왜군에 끝까지 저항하다 스러져간 조선 백성들의 주검이 동래읍성 해자에 아무렇게나 던져졌다. 우리 역사에서 잊혀 미처 수습하지 못했던 조선 백성들이 420여 년 만에 세상에 나왔다.

2005년 4월 부산 동래구 수안동 부산도시철도 4호선 수안역 공사현장의
동래읍성 유적에서 나온 두개골.(경남문화재연구원 제공)

임진왜란 초기, 치열했던 동래읍성 전투

왜군은 부산진성을 함락한 이튿날인 1592년 음력 4월 15일 부산
의 국방·행정 중심지이던 동래읍성에 이르렀다. 동래부사 송상현
은 동래읍성 남문에 올라 성문을 굳게 닫고 전투준비를 했다.

경상좌도의 육군사령관 격인 경상좌병사 이각은 구름같이 몰려
드는 왜군을 보고 겁을 집어먹었다.

이각은 자신이 경상좌도의 대장이니 동래읍성 밖에 있으면서 협
공해야 한다며, 동래읍성 방어전을 송상현 부사에게 맡겼다. 이각

부산 동래읍성 전투 장면을 묘사한 동래부순절도. 1760년(영조 36년) 변박이 그린 그림으로 알려져 있다. 당시 송상현 동래부사가 왜군과 대치하는 모습, 경상좌병사 이각이 달아나는 장면 등이 그려져 있다.(한겨레 자료사진)

역사의 블랙박스, 왜성 재발견

은 곧바로 부하 몇몇과 함께 동래읍성 성문을 열고 빠져나갔다.

송상현 부사의 부하들도 일단 물러나서 험한 지형에 의지해 왜군을 막자고 건의했다. 하지만 송상현 부사는 "성주가 성을 지키지 않고 어디로 간단 말인가!"라고 일갈했다.

당시 조선의 방위전략인 '제승방략(유사시 각 고을 수령이 군사를 이끌고 약속된 방어지역으로 집결하는 병력동원 방식)'에 따라 경남 양산군수 조영규, 울산군수 이언성이 소수의 병사를 이끌고 동래읍성에 도착했다. 하지만 수영구 수영동에 있던 경상좌수영의 좌수사 박홍은 울산 언양 쪽으로 물러났다. 나머지 고을이나 진성에서도 구원군은 오지 않았다.

왜군은 100여 명의 선발대를 보내 "싸우려면 싸우고, 싸우지 않으려면 길을 내달라"고 적은 목판을 동래읍성 남문 쪽에 세웠다. 송상현 부사는 "싸워서 죽기는 쉬워도 길을 내주기는 어렵다"고 적은 목판을 왜군 쪽에 던졌다.

곧이어 조총으로 무장한 왜군은 동래읍성을 에워싼 뒤 동·서·남쪽에서 공격했다. 전투를 시작하고 반나절 만에 왜군은 동래읍성 동북쪽 성벽을 파괴하고 안으로 쏟아져 들어왔다. 성안은 순식간에 지옥으로 변했다. 효종 때 동래부사로 재직했던 민정중이 1668년에 쓴 『임진동래유사』에서 "성은 좁고 사람은 많은데 적병 수만 명이 일시에 성으로 다투어 들어오니 움직일 수 없었다"고 당시 상황을 묘사했다.

동래읍성 함락 직전, 송상현 부사는 조복(관원이 조정에 나아가 하례할 때 입던 예복)을 입고 선조가 있는 북쪽으로 네 번 절을 한 뒤 "달무리처럼 포위당한 외로운 성/대진의 구원병은 오지 않는데/군신의 의리는 무겁고/부자의 정은 가벼워라"라는 시를 써 부친에게 남겼다.

전북 남원의 의병장 조경남은 임진왜란 야사 『난중잡록』에서 "송상현은 '이웃나라의 도리라는 것이 이런 것이냐? 우리가 너희에게 잘못한 것이 없는데, 너희들의 이같은 침략행위가 도리에 합당하다고 생각하느냐'며 왜군을 꾸짖은 뒤 장렬한 최후를 맞았다"고 기록했다. 『조선왕조실록』(선조실록 권59)엔 왜장들도 송상현의 절의에 탄복했다고 기록돼 있다.

동래읍성 백성들도 힘껏 싸웠다. 백성들은 낫과 도끼 등 농기구를 들거나 맨주먹으로 왜군에 맞섰다. 아녀자들은 지붕에 올라가 기와를 뜯어 왜군에게 던졌다. 왜군은 동래읍성 백성들을 무차별 학살했다.

1608년 동래부사로 부임한 이안눌은 『동래맹화유감』에 "4월 15일 저녁 집집마다 곡소리가 났다. 임진년 때 성이 함락된 날이다. 송상현 부사를 좇아 읍성에 모였던 백성들은 같은 시간에 피바다로 변했다. 살아남은 자들이 전쟁에서 죽은 가족을 제사하고 통곡한다. 왜군에 일가족이 몰살당해 곡해줄 가족조차 남기지 못한 집들이 얼마나 많은지 모른다. 눈물이 줄줄 흐른다"고 적었다.

동래읍성의 처절한 전투 소식은 조선 백성들의 피를 끓게 했다. 전국에서 의병이 일어나 왜군을 압박하기 시작했다. 이렇게 동래는 '충절의 고장'이 됐다.

부산 동래구 안락동 충렬사의 모습. 충렬사는 동래왜성 터와 맞붙어 있다.

병참선 확보·통치 목적의 동래왜성

왜군은 동래읍성을 함락한 뒤 동래읍성 동헌에서 동쪽으로 700여m 떨어진 구릉 꼭대기에 동래왜성을 쌓았다. 임진강·행주대첩·2차 진주성·울산성 전투 등 임진왜란과 정유재란의 굵직굵직한 싸움에 참전했던 깃카와 히로이에(吉川廣家)가 이 왜성을 만들어머물렀다.

그는 왜군 장수 중에 가장 많은 3만 명의 대군을 이끌고 조선에와서 부산 증산왜성 등을 쌓은 모리 테루모토(毛利輝元)의 사촌이다. 깃카와는 모리 가문의 선봉대를 맡았는데, 자신의 공적을 쌓기 위해 조선인의 코를 베어 가는 왜장으로 악명이 높았다. 「깃카와 가문 문서」에는 그가 1597년 9월 1일부터 같은 달 26일까지 전라도 일대에서 조선군의 코 1만 4800여 개를 베어 갔다고 기록돼 있다. 학계는 조선군의 코가 아니라 아녀자와 노약자 등 조선 백성들의 코를 베어 간 것으로 파악하고 있다.

동래왜성 터는 현 동래읍성 동장대를 축으로 동남쪽에 있는 충렬사(부산시지정 유형문화재 제7호)까지 비스듬하게 자리 잡고 있다. 행정구역으로는 부산 동래구 칠산동과 안락동에 걸쳐 있다. 현재 동래왜성은 터만 남아 있어 1곽만 확인되고, 나머지 곽은 구분이 어려운 상태이다. 동래왜성 일부 구역은 도로(충장대로) 건너편 남쪽에 있는데, 아파트들이 들어서 있어 흔적을 찾을 수 없다.

강이나 바다 근처 낮은 구릉에 있는 대부분의 왜성과 달리 동래왜성은 내륙에 깊숙이 들어와 있다. 학계는 왜군이 부산의 국방·행정 중심지였던 동래에 병참선을 확보하면서 동시에 이 지역을 통치하기 위해 내륙에 동래왜성을 쌓은 것으로 분석하고 있다.

왜군은 동래왜성을 쌓으며 1446년(세종 28년) 세워진 옛 동래읍성을 파괴해 석재를 조달했다. 조선은 1731년(영조 7년) 옛 동래읍성의 6배 규모로 새 동래읍성을 건설하며 동래왜성 성벽의 돌을 가져다 사용했다. 왜군은 동래왜성을 쌓으며 옛 동래읍성의 돌을 재활용했고, 조선은 새 동래읍성을 쌓으며 동래왜성의 돌을 또다시 재활용한 것이다. 이 때문에 현재 동래왜성에 석축 흔적은 거의 남아 있지 않다.

산책길을 따라 충렬사 뒤 언덕을 올라가다 보면, 길 양쪽에 편편

부산 동래구 칠산동에 있는 동래읍성의 동장대. 임진왜란 때 왜군은
이곳에 동래왜성의 전투지휘소인 천수각을 세웠던 것으로 추정된다.

한 공간들이 계단식으로 배치돼 있는 것을 발견할 수 있다. 병사를
배치해 성을 방어했던 '곡륜'으로, 왜성 터의 전형적인 모습이다.

　동래왜성 2곽이 있었던 것으로 추정되는 곳엔 조선시대 군관들
의 집무소인 군관청(부산시 지정 유형문화재 제21호)이 들어서 있다. 동
래구 수안동 동래교차로 근처에 있던 것을 1982년 이곳으로 옮겨
온 것이다.

동래왜성 2곽 추정 지역을 지나 구릉 꼭대기로 올라가면 1곽이 나온다. 전투지휘소인 천수각이 있었던 것으로 추정되는 이곳에 조선후기 동래읍성의 동장대가 세워졌다. 여기서는 해운대, 기장, 구포 등 부산 외곽으로 가는 길이 한눈에 내려다보인다. 동장대 동쪽 비탈엔 30~40m 길이의 해자가 보인다.

1979년 동장대 복원공사 당시 이곳에서 조선 기와가 나왔는데, 공교롭게도 임진왜란 때 왜군 선봉장이었던 고니시 유키나가가 일본에 돌아가 세운 구마모토(熊本) 무기시마(麥島)성 천수각에서 같은 제작틀로 만든 기와가 출토됐다. 동래읍성에서 가져간 것을 본보기로 만든 기와를 일본성에서 사용하고 있는 것으로 추정된다.

충렬사 경내로 들어가 동래구 칠산동 쪽으로 내려가면, 동래사적공원의 구릉을 타고 길게 늘어서 있는 조선후기 동래읍성 복원 성벽이 보인다. 조선후기 동래읍성의 문 가운데 하나인 '인생문'도 저 멀리 보일 듯 말 듯하다.

인생문이라는 이름의 유래는 임진왜란 당시 인생문 고개를 통해 도망간 사람들이 목숨을 건졌기 때문이라는 설과, 임진왜란 당시 동래읍성에서 죽은 주검들을 성 밖 묘지로 옮기는 유일한 통로였기 때문이라는 설이 있다.

하지만 인생문은 1731년(영조 7년) 새로 만든 조선후기 동래읍성에 딸린 문으로 1592년(선조 25년) 일어난 임진왜란과는 관련이 없다. 이러한 설은 임진왜란 때 억울하고 처절했던 조선 백성 사연들이 입에서 입으로 전해지면서 내용이 와전된 것으로 추정된다.

부산 동래구는 2005년 3월 11억 원을 들여 인생문을 복원했다. 그런데 2015년 9월 17일 내린 비로 인생문 안쪽 성벽과 담장이 무너졌다. 420여 년 전 전쟁 중에 손으로 쌓은 성벽보다 부실하게 복원한 것이다. 근처 주민들은 성벽에 붙은 화강암 판석이 들뜨고 곳곳이 균열돼 2014년부터 안전성 문제와 부실공사 의혹을 주장해왔다. 동래구는 2015년 12월에서야 정밀 안전진단과 설계를 마무리하고 재복원 공사에 나섰다. 관련 학계는 부산시와 지방자치단체의 문화재 복원이나 관리 등이 부실하다는 비판을 쏟아내고 있다.

동래왜성 : 부산 동래구 칠산동 산 2-30 일대

주변 관광지 : 동래읍성, 동래시장, 동래온천, 금강공원, 충렬사

역사의 블랙박스, 왜성 재발견

3
임진왜란은
'도자기 전쟁'이었다

부산 기장 죽성리·임랑포 왜성

죽성리 왜성 본성의 외벽 모서리 부분.
기존 성벽 밖으로 덧쌓은 흔적이 뚜렷이 남아 있다.

역사의 블랙박스, 왜성 재발견

3. 임진왜란은 '도자기 전쟁'이었다

부산 기장 죽성리 · 임랑포 왜성

"멀리 기차소리를 바람결에 들으며, 어쩌다 동해 파도가 돌각담 밑을 찰싹대는 갯마을."

영화로도 만들어졌던 난계 오영수(1909~1979)의 단편소설 『갯마을』 첫머리에서 이렇게 묘사한, 소설의 실제 배경이 된 마을은 부산 기장군 일광면 학리 또는 이을포로 알려져 있다. 이 마을들과 동해안을 따라 남북으로 이웃한 곳에 각각 기장군 기장읍 죽성리와 장안읍 임랑포 마을이 있다.

이 마을들 역시 소설 『갯마을』에 나오는 대로 '달음산 마루에 초아흐레 달'이 걸리면 '달그림자를 따라 멸치 떼가 드는' 전형적인 멸치잡이 갯마을이다. 예나 지금이나 한결같이 도시문명과는 거리를 둔 한적하고 외진, 그래서 더욱 평화로운 해안 포구이다.

이런 마을에도 420여 년 전 한반도를 휘몰아친 임진왜란의 광풍은 그냥 비켜가지 않았다. 1592년 음력 4월 보름 부산 동래읍성을 함락한 왜군은 세 길로 나눠 북상하면서 이튿날 동쪽으로 기장을 거쳐 울산, 경주 등을 가차 없이 짓밟고 올라갔다. 이후 왜군은 조선과 명나라 연합군의 반격에다 조선 수군의 해상로 봉쇄 및 의병 봉기 등에 따른 배후 보급로 차단으로 수세에 몰리자 이듬해 4월부터 한강 이남으로 물러나 동남해안 일대에 성을 쌓고 장기전에 들어갔다. 이즈음 이곳 죽성리와 임랑포 마을에도 왜성을 남겼다.

죽성리왜성과 임랑포왜성은 모두 하천과 바다를 함께 끼고 목 좋은 구릉에 자리 잡아 선박 출입이 편리한 포구와 방어에 유리한 전망을 동시에 확보한 왜군의 병력 주둔 및 병참기지였다. 부산 본진과 울산에 주둔한 왜군들을 연결하는 중간 요충지로서, 이들 왜성에 주둔한 왜군들은 왜란 기간 동안 인근 지역 왜군과의 연합작전은 물론 조선 백성들을 상대로 축성과 식량생산 등 부역징발과 수탈을 일삼았다. 특히 이들 왜성은 왜군이 남쪽으로 후퇴하면서 전국 각지에서 잡아들인 조선 도공과 사기장, 칠기장 등 장인과 민간인들을 억류하고 강제로 일본에 끌고 간 창구 구실도 했다.

무명 조선 도공의 넋을 기리다

죽성리왜성 인근 서답골 또는 세답골이라 불리는 골짜기 한켠에 '소름요'라는 도자기 공방이 있다. 공방에서 해안 포구가 내려다보이는 가마터 쪽으로 가면 '무명도공추모비'라고 새긴 비석이 서 있다. 송중환 소름요 대표가 임진왜란 때 일본으로 끌려갔던 조선 도공과 사기장들의 넋을 기리기 위해 2004년 5월 사비를 들여 세운

죽성리왜성 인근 도자기 공방 '소름요'에 있는 무명도공추모비.
이 비석 앞에선 해마다 왜군에게 끌려간 조선시대 무명 도공들의 넋을
기리는 추모제가 열린다.(송중환 '소름요' 대표 제공)

것이다. 송 대표는 이후 지역의 관심 있는 이들을 모아 조선사기장
연구회를 만들고, 회원들과 함께 해마다 이 비석 앞에 차와 꽃을 올
리는 추모제를 열고 있다.

송 대표가 추모비를 세우게 된 것은 당시 인근의 죽성리왜성을
찾아온 일본인 사학자와 고고학자들한테서 소름요 공방이 있는 서
답골이 임진왜란 때 전국에서 왜군들에게 붙잡혀 온 사기장과 도공
들이 일본으로 끌려가며 지나던 길이라는 얘기를 듣게 된 뒤였다.
송 대표는 1980년대부터 이곳에 공방을 차리고 도자기를 만들어왔
는데 이런 기막힌 사연을 간직한 곳이라는 것을 알고는 가만히 있

을 수 없어 추모비를 세우고 추모제를 열게 됐다고 한다.

송 대표는 "당시 이 골짜기엔 물이 제법 흘러내렸다는데, 도공들이 일본에 끌려가기 전 이곳에 억류돼 머물며 빨래를 했다고 해서 세탁골이라고도 불린다. 그 도공들이 이곳에서 빨래하며 흘렸을 눈물, 내뱉었을 한숨과 절규소리가 아직까지 배어 있는 듯하다"고 했다.

임진왜란이 일어났던 세기인 16세기부터 일본에선 차 마시는 풍습과 다도가 유행했다. 당시 100여 년 동안 지속됐던 일본 전국시대의 내전을 평정한 도요토미 히데요시(豊臣秀吉)는 휘하에 복속시킨 영주들의 관심을 외부로 돌리고 영토 확장의 야욕을 실현하기 위해 조선 침략 전쟁을 일으킨 와중에도 나고야 진중에서 자주 다회를 열어 즐겼다고 한다. 이에 조선에 파병된 영주와 장수들은 조선 각지에서 수많은 도공과 사기장들을 경쟁적으로 붙잡아 일본으로 끌고 갔다. 이 때문에 임진왜란은 '도자기 전쟁'이라고도 불린다.

부산 기장지역도 일찍이 도자기와 관련 깊은 곳으로 알려져 있다. 2009년과 2010년 임랑포왜성과 가까운 장안읍 상장안 도요지와 명례산업단지 터에서 조선시대 가마터가 발굴됐다. 상장안 도요지에선 밑바닥에 '울산 장흥고'라는 관청 이름이 새겨진 조선시대 전기 분청사기 접시도 나왔다. 도자기에 관청 이름이 있다는 것은 이곳에서 만들어진 도자기가 왕실과 조정에 납품될 만큼 품질을 공인받았다는 뜻이다.

황구 기장문화원 향토문화연구소장에 따르면 기장지역은 오래전부터 도자기 생산에 필요한 장인과 흙, 물, 가마 등 조건을 모두 갖춘 대표적인 생산지라고 한다. 황 소장은 "2000년대 초 기장군

임랑포 바닷가에서 발견된 도자기 파편들. 임진왜란 때
왜군들이 조선의 도공들을 납치해 가면서 도자기들도 함께
약탈해 가다 떨어뜨린 것들로 추정된다.

장안읍 임랑포 바닷가에서 청자, 분청사기, 백자 등의 깨진 조각을
200여 점가량 수습한 적이 있다. 아마 임진왜란 때 왜군들이 도공
들을 납치해 가면서 도자기들도 함께 약탈해 가다 떨어뜨린 것으
로 추정된다"고 했다.

　사기장과 도공 등 포로들을 일본에 끌고 간 왜군 영주와 장수들
은 이들을 주로 자신의 고향에 강제 이주시켜 평생 도자기를 구우
며 살도록 했는데, 관련 기록이 주요 영주 집안에서 내려오는 가문
서에 단편적으로 남아 있다. 죽성리왜성과 임랑포왜성을 쌓고 주둔
했던 왜군 장수 구로다 나가마사(黑田長政)와 모리 요시나리(毛利吉
成)는 모두 왜란 중 사기장과 도공들을 숱하게 붙잡아 일본으로 끌

고 간 것으로 악명이 높다.

구로다 나가마사에 의해 죽성리 왜성에서 끌려간 사기장과 도공들은 주로 일본 규슈 지역에 정착해 살았는데, 후쿠오카 다카도리(高取) 가마를 창시한 다카도리 핫산(八山)이 대표적인 인물이다. 핫산은 일본에 끌려가 1601~1602년께 후쿠오카의 다카도리산 서쪽에 가마를 열고 일본도자기의 시초가 된 인물로 알려져 있다.

7년 왜란 기간 동안 도공과 사기장 같은 장인 외에도 수많은 조선 민간인이 일본에 끌려갔다. 정확한 집계는 불가능하나 일본 쪽 연구자들은 5~6만 명, 한국 쪽에선 10~20만 명에 이를 것으로 보고 있다. 일본 나가사키를 통해 포르투갈 노예상인들에게 팔려 간 민간인까지 치면 가늠조차 하기 어렵다.

정유재란 때 왜군 장수를 수행해 조선에 파견됐던 종군승려 게이넨(慶念)은 당시 일본의 조선인 인신매매상과 조선인 포로의 참상에 관한 기록을 다음과 같이 일기에 남겼다.

"일본에서 온갖 상인들이 왔는데, 그중에 사람을 사고파는 자도 있어서 본진의 뒤에 따라다니며 남녀노소 할 것 없이 사서 줄로 목을 묶어 모아서 앞으로 몰고 가는데, 잘 걷지 못하면 뒤에서 몽둥이로 두들겨 패는 모습이 지옥의 사자가 죄인을 잡아들이는 것과 같을 것이다. (…) 그중에서도 무서운 자들은 배가 정박한 부두에서 내부 깊숙한 진영까지 사람들에게 무거운 짐을 가득 지게 하여 끌고 와서 도착하면 쓸모없는 소는 필요없다며 곧바로 죽이고는…"

『선조실록』은 왜란 중인 1595년 12월 장사꾼으로 가장한 밀정을 통해 죽성리왜성 진영을 정탐해 보고한 내용을 다음과 같이 기

역사의 블랙박스, 왜성 재발견

기장문화원 1층 로비에 전시돼 있는 임랑포왜성의 축소 복원 모형

록했다.

"수확한 곡식을 배로 실어다가 진영 안에 쌓아둔 것이 36곳이
나 되고 곡초를 남쪽에 쌓아둔 것이 50여 곳이나 됐으며, (…) 양곡
과 기계 및 잡물을 일찍이 나눠 운반해 일본으로 실어 갔다고 했다.
왜적에 붙은 우리나라 사람으로서 왜의 진영 옆에 사는 자가 거의
200여 호나 됐다."

당시 왜군의 수탈 상황과 함께 자의에서든 타의에서든 왜군에
부역할 수밖에 없었던 일부 조선 백성의 처지가 잘 드러나 있다.

읍성·진성의 돌을 뽑아 왜성을 쌓다

"진중의 왜인들이 바야흐로 축성 공사를 일으켜 나무를 끌어오고 돌을 실어 나르는 왜인이 도로를 메웠으며 옛 (기장)현의 성에서 돌을 반수 이상이나 뽑아내고 또 근처의 암석을 채취해 끊임없이 실어 날랐다."

『선조실록』은 1595년 12월 죽성리왜성 상황과 관련해 이런 기록도 남겼다. 왜군들이 죽성리왜성을 증축하면서 조선 읍성과 수군진성의 돌을 마구 뽑아다 썼던 것이다.

왜란 당시 죽성리는 '두모포'로 불렸고, 이곳에 경상좌수영 관할의 수군 만호가 주둔한 두모포진성이 있었다. 지금의 죽성리 749 일대에 터가 남아 있는 이 수군진성은 1510년(중종 5년)에 마을 북쪽에서 동해로 흐르는 청강천(신천천) 주변 평지와 남쪽 구릉을 아우르는 둘레 400m, 높이 3m 규모의 오각형 모양으로 축성됐다. 고려 초 왜구의 침략을 막으려 흙으로 쌓았던 것을 돌로 다시 쌓아 보강했는데, 왜란 때 대부분 파괴되고 왜성에 편입됐던 남쪽 구릉의 성벽 등 일부만 남아 있다. 왜란이 끝난 뒤 1629년(인조 7년) 이 성의 수군진은 부산 동구 수정동으로 옮겨 갔고, 두모포라는 지명은 '두호'로 바뀌어 지금 마을 이름으로 남아 있다.

죽성리 산 52-1 일대 죽성리왜성은 죽성(두모포)만 서쪽의 서답골을 끼고 있는 두 개의 구릉을 중심으로 남쪽 높은 구릉(해발 64m)에 본성을 쌓고, 북쪽 낮은 구릉(해발 45m)에 본성 방어를 위한 외성을 두른 형태였다. 여기에 다시 본성과 외성의 서쪽 성벽 밖에 너비

죽성리왜성의 외성 일부로 편입돼 남아 있는 조선시대 두모포진성의 성벽 일부. 성벽이 수직으로 쌓아져, 70도가량 경사를 이룬 왜성 석축과 비교된다.

7m 이상 구덩이(해자)를 길게 파 방어망을 강화했다.

성벽은 주로 화강암을 써서 70도 정도 경사지게 비스듬히 쌓았는데, 외성 일부 구간에서 수직으로 축조된 성벽이 드러나 이곳이 애초 조선 수군의 두모포진성 남쪽 구간인 것으로 확인됐다. 왜군들이 조선의 수군진성 일부 구간을 편입시켜 왜성을 축조한 사례다. 왜성과 우리 고유 성곽의 차이를 비교해볼 수 있는 대표적인 곳이다.

전체적으로 죽성리왜성은 청강천(신천천)의 자연지형과 해자를 통해 북서쪽의 외곽 방어망을 철저히 하면서 동쪽으로 죽성만 포구를 감싸안은 형태의 해안 요새로 보인다. 또 기존 조선 수군의 거점을 십분 활용하면서도 그 거점을 파괴하는 이중효과까지 노렸다.

부산 복천박물관은 2002년 도로개설 구간에 포함된 죽성리왜성 본성 북쪽의 외성 일부분을 발굴 조사했다. 여기서 띠 모양의 성곽터(4개)에 '스리바치'라는 일본 전국시대 조리기구와 상감청자·백자·도자 파편 등이 출토됐다.

죽성리왜성 본성은 가장 높은 곳의 제1곽에 전투지휘소가 있던 천수대가 있고, 그 아랫쪽으로 3단에 걸쳐 6개의 평평한 성곽을 둘러 출입구를 통해 서로 연결시켰다. 석축 둘레는 960m, 잔존 성벽 높이는 4~5m가량 된다. 천수대가 있는 제1곽의 서북·서남쪽과 동북쪽 모서리 부분엔 기존 성벽 밖에 다시 성벽을 덧쌓은 흔적이 남아 있다.

이 왜성은 왜란 초기 고니시 유키나가와 가토 기요마사(加藤清正)에 이어 왜군 제3군 수장을 맡은 구로다 나가마사(黑田長政)와 그의 아버지 구로다 요시타카(黑田孝高)가 3만 3000명을 동원해 쌓은 성이다. 1593년 6월 이미 기본시설이 완성됐고, 명과의 강화교섭에 따라 1595년 6월 인근 임랑포와 서생포왜성의 병력이 철수하게 되면서 서생포왜성에 있던 가토 기요마사의 병력이 이곳으로 옮겨 왔다. 이즈음 동해 연안 왜군의 최전선으로 남게 된 왜성으로서 대규모 증개축이 이뤄졌던 것으로 추정된다. 이 왜성의 성벽을 덧쌓은 것이 기존 성곽을 증축하려는 것이었는지 성벽을 보수·보강하려는 것이었는지와 정확한 시기 등에 대해선 보다 면밀한 조사가 필요한 것으로 보인다.

　　　　　　　　　　　　　　　　　　　　역사의 블랙박스, 왜성 재발견

죽성리왜성은 본성 일대가 1963년 1월 국가문화재인 사적(52호)으로 지정됐다가 1999년 3월 지방문화재인 부산시 기념물(48호)로 격하됐다. 근처 봉대산 꼭대기에 고려시대(985년)에 세워져 국내에서 가장 오래된 남산봉수대(부산시 문화재자료 2호)가 있다. 죽성리 두호마을은 조선 후기 고산 윤선도가 6년간 유배생활을 한 곳으로도 유명하다.

고리원전 이주단지에서 확인된 왜성 유적

2001년 중앙문화재연구원은 기장군 장안읍 임랑리 일대 고리원전 주민 이주단지 예정터에서 발굴조사를 벌여 왜성 성곽터(3개)와 건물을 세우고 구덩이를 파냈던 흔적 등을 기와·도자기 파편 등의 유물과 함께 확인했다. 이곳은 인근에 있는 고리원전의 추가 건설에 따라 장안읍 효암리 주민 50여 가구가 집단 이주한 곳인데, 이주단지 터 조성 전 사전 지표조사에서 왜성 터 유구가 확인돼 발굴조사가 이뤄졌고, 임랑포왜성 외곽부의 성터가 드러난 것이다.

임랑포왜성은 장안읍 임랑리 산 51, 방모산 동남쪽 끝자락의 비교적 높은 구릉(해발 70m)에 본성을 쌓고, 남쪽 동해남부선 철길 건너 좌광천 쪽으로 돌출한 낮은 구릉(해발 24m)과 평지에 외성을 두른 형태였다. 하천과 바다를 끼고 산지 공간과 아랫쪽 평지 공간을 유기적으로 연결해 구축한 왜군의 해안 기지였다.

본성에서 가장 높은 제1곽 북동쪽엔 전투지휘소(천수각) 터인 천수대가 남아 있고, ㄴ자 모양으로 북쪽과 북동쪽에 각각 사다리꼴

임랑포왜성의 본성 외벽 일부.
관리가 제대로 안 돼 수풀 속에 훼손된 채 방치돼 있다.

평면 성곽이 돌출해 있다. 이들 성곽 끝엔 깊게 판 구덩이로 방모산 줄기를 끊어 배후 방어력을 높였다.

이주단지에 있던 외곽부 성은 고도가 높지 않고 임랑포 앞바다와 접해 있으나 해안 쪽으로 전망이 좋고 비교적 급경사를 이뤄 방어에도 유리한 조건을 갖추고 있다. 지금은 철도와 도로 건설, 이주단지 조성 등으로 인해 대부분 파괴되고 일부 흔적만 남아 있다.

임랑포왜성은 왜란 초기 제4군을 지휘해 울산 방면을 거쳐 강원도 쪽을 공격했던 모리 요시나리를 비롯해 시마즈 타다토요(島津忠

豊), 이토 스게타카(伊東祐兵), 다카하시 모토타네(高橋元種), 아키쓰키 다네나가(秋月種長) 등 5명의 장수가 쌓아 주둔한 곳으로 알려졌다. 특히 모리 요시나리는 정유재란 때 경남 사천 선진리왜성에서도 모리 데루모토, 시마즈 요시히로(島津義弘) 등과 함께 주둔하면서 숱한 사기장과 장인들을 일본에 끌고 가기도 했다.

『선조실록』은 1594년 4월 14일치에 비변사 보고를 통해 "서생포·임랑포에 있는 적병들이 번번이 수로로 울산과 태화 사이를 침범해 우리 군사가 그곳으로 달려가게 한 뒤에 적들은 몰래 육로를 이용해 경주로 나오곤 하니 술수가 대단하다"고 기록했다. 왜군들이 이 왜성을 요충지로 삼아 어떤 일들을 했는지 알 수 있다.

이 왜성은 규모는 비교적 작지만 성곽과 해자, 왜성의 본모습을 알 수 있는 여러 시설물의 기초가 아직 잘 남아 있는 편이다. 하지만 본성 일대조차 문화재나 공원구역 지정 등 어떤 보호장치도 없이 방치돼, 대부분이 잡목과 수풀 더미에 묻히고 주변의 무분별한 개발로 훼손되고 있어 전문가가 아니면 알아보기 힘든 실정이다. 더 이상 훼손을 막아 왜성 축성사를 이해하는 학술자료로서는 물론 아픈 민족사의 현장이라는 가치로 볼 때도 보존의 필요성은 충분해 보인다.

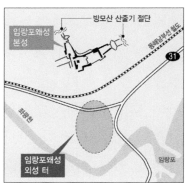

죽성리왜성 : 부산 기장군 기장읍 죽성리 산 52-1
임랑포왜성 : 부산 기장군 장안읍 임랑리 산 51
주변 관광지 : 황학대(윤선도 유배지), 죽성성당(드라마 〈드림〉 촬영지), 어사암(매바위), 소름요, 남산봉수대, 임랑해수욕장, 임랑봉수대 등

4
한반도 분단 위기 막았던 '서생포회담' 현장

울산 서생포왜성

하늘에서 내려다 본 서생포왜성 본곽 모습. 성안 중간의 왼쪽에
평평하게 솟아오른 곳이 이 성의 심장부인 천수대로, 임진왜란 때
왜장 가토 기요마사가 머물던 3층 이상의 천수각 건물이 있던 자리다.
이곳 일대에서 승병장 유정과 가토의 서생포회담이 열렸을 것으로
추정된다.(한겨레문화재연구원 제공)

역사의 블랙박스, 왜성 재발견

4. 한반도 분단 위기 막았던 '서생포회담' 현장

울산 서생포왜성

"고층 누각에 큰 가옥도 지었다. 청정(淸正·가토 기요마사)의 거처에 이르니 방 안 전체가 화려한 자리에 금칠한 병풍으로 둘러쳐졌다. (…) 오래도록 주둔해 머물 계획인 것 같다."(『송운대사분충서난록』중)

임진왜란이 터진 지 꼬박 2년이 지난 1594년 음력 4월 13일 '사명당'이라는 법호로 널리 알려진 조선 승병장(도총섭) 유정은 지금의 울산 울주군 서생면 711 일대 서생포왜성 안에 처음 들어가 보고 느낀 것을 이같이 기록했다. 당시 유정은 왜군 제2선봉장 가토 기요마사와 강화회담을 위해 20여 명의 일행과 함께 이 성을 찾았다. 이 성은 가토가 1년 전인 1593년 5월부터 조선 침략의 배후거점 확보를 위해 쌓아 주둔했던 곳이다.

유정은 이 성을 처음 보고 그 웅장하고 화려함에 놀라기도 했지만 이를 통해 가토의 숨은 야욕까지 간파했다. 그는 가토와 왜란 중 3차례 이 성에서 만나 회담했다. '호랑이 굴'과도 같은 이곳에서 그는 적장 가토를 통해 명나라와 일본 사이에 은밀하게 진행되던 협상 내막과 왜군 진영의 정세를 파악하고 대비책 마련에 힘썼다.

1592년 4월 임진왜란이 터진 뒤 이듬해 6월 2차 진주성 싸움 때까지 1년 2개월 정도 빼고 나면 1597년 7월 정유재란이 일어나기 전까지 4년 이상은 사실상 휴전 상태에서 조선과 명, 일본 3국 사이의 강화교섭과 외교·첩보전이 더 치열했던 시기였다. 조선을 배제한 채 명과 일본 사이에 은밀히 진행된 강화협상에선 일본이 강화조건으로 내건 조선 땅의 절반을 분할해 지배하는 문제까지 거론됐다. 우여곡절 끝에 결국 이 협상은 깨지고 말았지만 자칫 400여 년 전 이미 한반도가 우리 민족의 의지와는 무관하게 외세에 의해 분단됐을 수 있었던 아찔했던 시기였다.

그 와중에 조선도 일본과 강화교섭에 나섰고, 그 핵심 현장이 서생포왜성이었다.

첩보·외교전의 현장, 서생포회담

임진왜란 발발 1년 뒤인 1593년 4월부터 본격화된 명과 일본의 강화교섭은 당시 전황에 비춰 명과 일본 양쪽 모두의 필요에 따라 이뤄졌다. 왜란 초기만 해도 파죽지세로 북상하던 왜군은 평양을 정점으로 명군의 참전을 맞아 예봉이 꺾이기 시작해 1593년 1월 조·명 연합군에게 평양성을 내주고 남쪽으로 물러나야 했다. 여기에 조선 수군과 의병들에 의해 수륙 양쪽으로 모두 배후 보급로마저 끊어지자 부산을 비롯한 동남해안 일대로 후퇴해 성을 쌓고 장기전으로 버티게 됐다. 명군도 1593년 1월 평양성 전투 대승으로 전쟁의 승기를 잡았으나 남쪽으로 후퇴하던 왜군에게 벽제관 전투에서 패배한 뒤로 고전하였다. 이후 명과 일본은 각각 명군 유격장 심유경(沈惟敬)과 왜군 제1군 선봉장 고니시 유키나가를 대표로 내세운 강화교섭에 나서 각자 실리 챙기기에 주력했다. 조선은 처음부터 일본 쪽의 강화 제의를 거부해 심과 고니시 간 협상 과정에서 철저히 배제됐다.

조선을 배제한 채 은밀하게 진행된 심과 고니시 간 협상에선 일본이 강화조건으로 내건 명과 일본 왕실 간 혼인, 조선의 8도 중 4도 할양, 조선 왕자와 대신의 인질 문제 등이 핵심 의제로 논의됐다. 더 이상 북진이 불가능해진 일본이 조선 땅 절반이라도 차지하겠다는 속셈을 드러낸 것이다. 이에 대한 명의 공식 태도는 일본이 무조건 항복하고 조선 땅에서 물러나라는 것이었지만 이미 왜군이 압록강까지 넘볼 위협이 사라진 터에 그 태도의 추이를 알 수 없는 상황이었다.

조선의 승병장 유정과 왜장 가토의 서생포회담은 심유경과 고니시가 협상안을 놓고 1년가량 옥신각신하던 1594년 4월과 7월, 그리고 심유경과 고니시의 협상이 깨지고 정유재란이 일어나기 직전인 1597년 3월 등 모두 3차례 열렸다. 조선은 애초 일본과의 강화에 완강히 반대했으나, 심과 고니시 사이의 협상 내막을 확인할 필요성이 절박했고, 명이 "계속 강화에 반대하면 군대를 압록강 이북으로 빼겠다"며 '으름장'을 놓던 터에 가토 쪽의 요청에 따라 회담에 응

하게 됐다. 독실한 불교도였던 가토 진영에 종군 승려나 불교도 참모가 적지 않았고, 유정이 승려로서 승병을 이끌고 평양성 전투 등 중요한 전투에 참전해 전란의 흐름을 잘 꿰고 있던 점을 고려해 가토와의 교섭 파트너로 유정이 선택됐던 것이다.

서생포회담의 주역 조선 승병장 유정(사명당)과 왜장 가토 기요마사의 초상. 서생포왜성에서 유정과 가토가 처음 만났을 때 유정은 51살, 가토는 33살이었다. 회담 중 가토가 유정에게 "조선에 무슨 보물이 있냐?"고 물었는데 유정은 "보물은 공(公)한테 있지 않냐?"고 되물었다. 가토가 "뭔 소리냐?"고 하자 유정은 "조선에선 공의 머리에 억만금이 걸려 있으니 그 이상 보물이 어디 있겠냐?"고 했다는 이야기가 전한다.

역사의 블랙박스, 왜성 재발견

1594년 4월 13~16일 진행된 첫 회담에서 가토는 "우리나라에서 큰일을 의논할 때 고승을 불러 상의하는데, 귀국도 고승을 보내온 것은 이 일을 중하게 생각했기 때문"이라며 기뻐했다고 한다. 유정은 이 자리에서 가토를 통해 조선 4도의 할양 등 심유경과 고니시 사이에 논의되던 협상 내용을 확인하고, 고니시가 주도하는 협상이 성사되지 않기를 바라는 가토의 속내도 간파해 조정에 보고했다.

　　이를 통해 조선 조정은 그동안 소문으로만 전해 듣던 '4도 할양' 등 심유경과 고니시 사이의 협상내용을 구체적으로 확인하고, 명과의 외교채널은 물론 가토와 고니시의 경쟁·적대관계를 이용해 다각적인 대응에 나섰다. 결국 일본 내부에서도 4도 할양 문제가 실현 불가능한 조건이라는 것을 깨닫게 하는 데 도움이 됐다.

　　7월 12~16일 두번째 회담이 끝난 뒤 유정은 그간 가토의 왜군 진영 정세를 파악한 내용을 토대로 '토적보민사소(討賊保民事疏)'라는 상소를 올려 왜군과의 강화와 토벌의 장단점을 고하고 왜군을 토벌해 백성을 구하는 개혁방안을 건의했다. 이후 유정은 12월 23일 가토와 3차 회담을 시도했으나, 가토에 의해 거부됐다. 조선 쪽이 경상우병사 김응서를 통해 고니시와 따로 함안에서 협상 채널을 마련한 데 대한 불만이 그 이유였다.

　　김응서와 고니시의 함안회담은 그해 11월 고니시가 명과의 강화협상과 별도로 조선에도 손을 내밀어 김응서 쪽에 협상을 요청하면서 비롯됐다. 고니시는 '명과 관계를 트는 데 조선의 주선'을 바랐고 김응서는 이를 거부했다. 이 함안회담은 가토가 유정을 만나 조선과 교섭하는 것을 의식한 고니시 쪽의 대응으로 보인다.

이 무렵 고니시는 어떻게든 명·일 간 강화를 성사시키려 심유경과 짜고 도요토미 히데요시의 거짓 항복문서를 만들어 명 조정에 전달했다. 결국 명이 도요토미를 일본국왕으로 책봉하는 선에서 협상을 마무리하려 했으나 1596년 9월 오사카 회담에서 최종 결렬로 끝났고, 도요토미는 명과의 협상 진전과 함께 철수시켰던 왜군 병력을 다시 조선에 출병시켜 정유재란을 일으켰다.

유정은 정유재란 직전인 1597년 3월 18일 가토의 요청으로 그와 만난 마지막 회담에서 가토를 설득해 일본의 재침을 막으려 온 힘을 쏟았다. 유정은 가토와의 마지막 회담 뒤 곧바로 사태의 위급함을 비변사에 알리고 상소를 올렸다.

"왜승 일진(日眞·닛신)의 편지에 '5월에 대규모 군대가 (조선에) 나갈 적에 내가 따라갈 것'이라는 말이 있었는데 겁주는 말이 아닌 듯하였습니다. 대개가 대수롭지 않게 여기고 있어 더러는 적이 반드시 오지 않을 것이라고 하니, 신은 실로 마음 아프고 절박합니다."

이는 유정이 국왕 선조에게 올린 긴 상소의 일부로, 『선조실록』 1597년 4월 13일치에 기록되어 있다. 이를 기록한 실록 사관은 "당시의 병통을 적중시켰으니, 육식자(육식을 금하는 승려와 비교해 위정자들을 일컬음)들이 어찌 부끄러움이 없었겠는가"라고 논평해 유정의 정세 판단을 높이 평가했다.

유정이 가토와 진행한 서생포회담은 당시 심유경과 고니시가 주도한 명과 일본의 강화교섭에 끌려가지 않고 능동적으로 대처해 이를 저지시킴으로써 국토 분단의 위기를 넘기고, 왜군의 정세를 면밀히 파악해 대비책을 세우는 데도 크게 기여했던 것으로 평가를 받고 있다. 유정과 가토의 서생포회담 내용은 『송운대사분충서난

서생포왜성 본곽 성벽 모서리. 밑에서 위로 올라가며 경사가 완만하다가
급하게 꺾이며 모서리 선형이 곡선 형태를 보이고 있다.

록』에 자세히 실려 있다. 이 책은 유정이 일기 형식으로 남긴 글을 뒤에 제자가 발간한 것이다. '송운'은 유정의 또 다른 법호이다.

서생포회담 현장

유정과 가토의 강화회담이 열렸던 서생포왜성은 해발 133m의 작은 산꼭대기에 본곽(제1곽)을 쌓고, 동쪽 경사면을 이용해 아래로 내려오면서 차례로 제2·제3곽을 두른 형태를 하고 있다. 북쪽 회야강에서 바다로 연결된 포구를 끼고 산지 쪽 본곽 및 제2곽의 내성과 아래 평지 쪽 제3곽의 외성을 연결시킨 일본식 평산성이다. 뱃길로 물자와 인력의 수송이 편리해 왜란 중 왜군의 중요 거점이 됐다. 외성 동북쪽 끝에 경사진 성벽과 선착장 자리가 있다.

산 정상의 내성 본곽에는 5m 높이에 18×17m 넓이의 천수대가 남아 있다. 천수대는 왜성의 가장 상징적인 심장부 같은 곳으로, 천수각 건물이 자리잡던 곳이다. 3층 규모로 추정되는 이 성의 천수각은 가장 전망이 좋은 높은 곳에 위치해, 평소 가토가 머물며 작전을 세우고 전투를 지휘했던 곳이다. 지금은 빈 터에 이곳으로 오르는 돌계단만 옛 모습 그대로 남아 있다.

내성 성벽은 화강석과 현무암, 잡석 등을 섞어 5~8m의 높이로 쌓았는데, 성문 양쪽이나 성벽 굴곡부에는 방어력을 높이려고 모난 축대를 돌출시켰다. 대부분 성벽 기울기는 60~70도이나 곳곳에 높이 2.5m 정도까지 45~55도의 완경사를 보이다 위로 올라가면서

역사의 블랙박스, 왜성 재발견

60~70도로 급하게 꺾이는 형태의 성벽도 남아 있다.

또 외성 둘레를 따라 내성 쪽으로 좌우 양쪽에 60~70도 정도 기운 형태의 성벽이 6m가량 높이로 300여m까지 길게 뻗어 있고 그 바깥쪽엔 2~3중으로 깊게 구덩이를 판 해자를 둘렀다. 내성과 외성 전체 성곽 면적은 15만 1934m², 동서 870m, 남북 370m 정도 규모이고, 둘레가 4.2km로, 국내에 남아 있는 왜성 가운데 가장 규모가 크고 웅장한 편이다.

승병장 유정이 처음 이 성을 보고 느꼈듯이 성의 규모가 웅대한 것이나 축성의 견고함 등으로 볼 때 왜장 가토 기요마사가 애초 이 성을 쌓을 때 장기적으로 주둔하며 이 지역에 대한 항구적인 지배를 염두에 뒀던 것으로 보인다.

가토는 이 성을 쌓을 때 북서쪽으로 800m 떨어진 곳에 있던 조선 수군만호진성(울산시 기념물 35호)을 헐고 그곳의 돌을 가져다 썼다. 그는 1596년 명·일 강화협상에 따라 일본으로 철수했다가 협상이 깨진 뒤 1597년 1월 1만여 군사를 이끌고 다시 부산에 상륙해 이곳으로 입성했다.

이후 11월엔 동쪽 최전선에 위치한 이 성의 수비 강화를 위해 북동쪽으로 약 35km 떨어진 울산 태화강 하구에 울산왜성을 쌓았다. 하지만 12월 하순 성의 외곽부분이 완성되자마자 조·명 연합군의 공격을 받아 이듬해 1월 초까지 10여 일 동안 처절한 농성전을 벌였다.

가토는 왜란이 끝난 뒤 서생포왜성 축성 경험을 토대로 자신의 규슈 구마모토 영지에 일본 3대 성의 하나로 꼽히는 구마모토성을 쌓았다. 구마모토에 있는 '울산마치(蔚山町)'는 당시 가토에 의해 끌

서생포왜성 천수대. 천수대는 왜성의 가장 상징적인 심장부 같은 곳으로, 왜장 가토 기요마사가 머물며 작전을 세우고 전투를 지휘했던 천수각 건물이 있던 곳이다. 지금은 빈 터에 이곳으로 오르는 돌계단만 옛 모습 그대로 남아 있다.

려갔던 조선 석공과 도공 등 민간인 포로들이 모여 살면서 형성된 마을로 전해진다.

서생포왜성은 1963년 1월 국가 사적 54호로 지정됐다가, 일제지정 문화재 재평가와 관련해 지방문화재(울산시 문화재자료 8호)로 격하됐다.

역사의 블랙박스, 왜성 재발견

서생포 수군만호진성 터. 왜란 때 왜군이 서생포왜성을 쌓기 위해 이 만호진성을 헐고 그 돌을 가져가는 바람에 지금은 옮기기 힘든 바윗돌 크기의 대형 기단석 일부만 남아 있다.

왜성이 조선 수군진성이 된 까닭

왜란 때 서생포왜성 축성 때문에 훼손된 서생포 만호진성은 지금의 서생면 화정리 회야강가에 야트막한 구릉의 경사면과 평지를 연결해 골짜기를 끼고 쌓은 포곡식 성이다. 성벽은 장대석을 가로 눕혀 지대석으로 삼고 그 위에 대형 석재로 기단석을 올린 뒤 위로 갈수록 보다 작은 돌로 면을 맞춰 쌓았는데 왜란 때 대부분 훼손되

서생포왜성 성곽 외벽. 서생포왜성은 국내에 남아 있는 왜성 가운데 가장
규모가 크고 웅장하며 보존상태도 양호한 편이다.

역사의 블랙박스, 왜성 재발견

고 길이 440m 체성의 기단석 일부와 서쪽 문지로 보이는 시설 일부만 남아 있다.

왜란 뒤 서생포의 수군만호는 동첨절제사로 승격됐고, 기존 진성이 훼손된 바람에 서생포왜성을 1895년 까지 진성으로 사용하게 됐다. 1872년 제작된 '서생포진성 지도'에는 서생포왜성을 진성으로 사용한 모습이 잘 나와 있다.

당시 조선 수군은 진성을 서생포왜성으로 옮기면서 산지 쪽의 내성은 그대로 두고 바다와 가까운 평지의 외성만 사용했다. 이 왜성은 부산 자성대왜성처럼 비록 왜란 중 왜군이 축성했지만 그들이 사용한 기간은 6년에 불과했고, 이후 300년 가까이 우리 조선 수군들이 진성으로 활용했다.

한삼건 울산대 교수(디자인·건축융합대학장)는 "왜란 뒤에 조선 수군이 서생포에 진성을 새로 쌓는 대신 왜성에 주둔하면서 산지 쪽의 내성은 손대지 않았다. 외성에서 내성을 지키는 구실을 한 것이다. 이 덕에 지금까지 성곽 보존상태가 어느 왜성보다 비교적 양호하게 남아 있게 됐다."고 했다.

울산 울주군은 왜란 뒤 이 왜성 안에 세워졌다가 일제 강점기 때 파괴돼 없어진 창표당 복원을 위해 2011~2012년 울산의 한겨레문화재연구원에 맡겨 일대 터에 대한 유적 발굴조사를 벌였다. 이때 창표당 관련 건물터는 물론 왜성과 관련한 성곽 및 건물터와 조선 후기 동첨절제사영과 관련한 동헌·객사 등 건물터도 확인됐고, 기와와 백자접시 및 옹기 파편 등 96점의 유물도 출토됐다.

창표당은 왜란이 끝난 지 1년 뒤인 1599년 왜적과 싸우다 숨진 53명의 지역 충신들을 기리기 위해 세운 사당이다. 울주군은 2014

년부터 13억6700만원의 사업비를 들여 이를 복원하는 창표사 건립 사업에 나섰다.

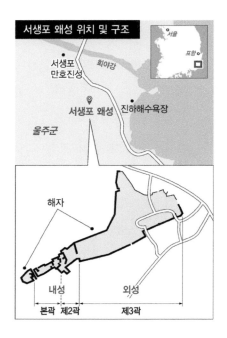

서생포왜성 : 울산 울주군 서생면 서생리 711
주변 관광지 : 진하해수욕장, 간절곶 등대

역사의 블랙박스, 왜성 재발견

5
왜구 막아냈던 '신라 의성'에 왜성이 들어서다

부산 구포·양산·호포 왜성

구포왜성 본곽 외벽의 모서리 부분. 돌을 한 단씩 쌓아 올릴 때마다
긴 면과 짧은 면을 서로 엇갈리게 쌓으면서 모서리 세로줄을 일직선으로
맞춘 왜성의 특성이 잘 나타나 있다.

역사의 블랙박스, 왜성 재발견

5. 왜구 막아냈던 '신라 의성'에 왜성이 들어서다

부산 구포 · 양산 · 호포 왜성

낙동강은 강원도 태백시 함백산 또는 황지에서 발원해 영남 대부분 지역을 휘돌며 관통해 남해로 흘러간다. 함백산을 기준으로 본류 길이 525.15km, 남한에서 가장 길고, 한반도 전체에서 압록강과 두만강 다음으로 긴 강이다.

시인 김용호(1912~1973)는 그의 대표 장시 「낙동강」에서 "칠백 리 굽이굽이 흐르는 네 품속에서/우리들의 살림살이는 시작되었다"고 했다. 유구한 세월을 도도히 흘러 남하하면서 반변천 · 내성천 · 영강 · 위천 · 감천 · 금호강 · 황강 · 남강 · 밀양강 · 양산천 등 여러 지천을 품어 안고 멀리는 가야와 신라 천년의 영욕에서부터 가까이는 6 · 25전쟁의 참상과 4대강 사업에 따른 몸살까지 겪으면서 영남인들에게 삶의 젖줄이 돼왔다.

조선시대 낙동강 수운은 세곡 운송로로서 교통의 동맥 구실을 했다. 『세종실록지리지』를 보면, 경상도에서 거둬들인 세곡은 김해의 불암창, 창원의 마산창, 사천의 통양창 등 조창에 모아져서 해안을 따라 전라·충청도 해로를 거쳐 서울로 수송됐다고 한다. 그러다 해로의 위험 부담 때문에 낙동강 수로를 이용하게 됐는데, 조창에 모아진 세곡을 낙동강 수로를 통해 상주로 옮기면 육로로 문경새재를 넘어 충주의 가흥창으로 옮기고 거기서 다시 배편으로 남한강을 따라 서울로 운송한 것이다.

1592년 일본이 조선을 침략한 임진왜란 때도 낙동강 수로는 왜군에게 진격, 후퇴, 방어의 중요한 통로가 됐다. 특히 이순신의 조선 수군에 의해 바닷길을 통한 서쪽 진격로가 봉쇄되자 왜군은 낙동강 하류 수로를 통해 서·북쪽 내륙으로 연결되는 길목인 김해, 구포, 양산 등지에 왜성을 쌓고 교두보를 마련하려 했다.

대표적인 예로 1593년 6월 제2차 진주성 싸움 때 왜군은 동래에 집결한 대규모 병력을 이 수로를 이용해 진주로 실어 날랐다. 이순신 장군이 이끈 조선 수군도 1592년 7월 한산도·안골포 해전에서 왜 수군을 대파한 뒤 달아나는 패잔병들을 쫓아 이 수로를 따라 김해, 양산, 구포 일대를 수색하고 돌아가기도 했다.

구포 전성시대

조선시대 말인 1874년 경상도 양산군의 유림 대표 3명이 뜬금없이 서울 남산봉수대에 봉화를 올렸다가 의금부에 잡혀가 심문을 받았다. 앞서 1869년 양산군 소속이던 좌이면의 11개 리 가운데 4

백양산 쪽 상공에서 서북쪽 방향으로 바라본 낙동강 하류. 세 개의 교량 가운데 가장 오른쪽에 있는 낙동강교 오른쪽 끝부분에 보이는 작고 둥근 구릉에 구포왜성이 있다.(부산시 제공)

개 리가 구포면이란 이름으로 떨어져나가 동래부에 속하게 됐는데, 이들은 이에 맞서 대구 경상감영에 20여 차례나 진정을 해도 통하지 않자 서울에 올라가 소동을 일으켰던 것이다.

당시 구포면은 양산군의 나머지 전체 지역에 견줘 가구 수는 절반, 경제력은 거의 100배나 됐다고 한다. 이들 유림 대표 3명은 "동래는 만호의 대읍이요 양산은 천여 호에 불과한데 구포면을 벌건 대낮에 횡탈해 갔으니 환속을 바란다"고 읍소했다. 이들의 읍소 덕에 결국 1875년 구포면은 양산군 좌이면으로 되돌아갔다.

하지만 이후에도 1896년 구포지역이 속한 양산군 좌이면이 부산부 좌이면으로 옮겨 갔다가 1년 만에 다시 양산군으로 원위치했다. 그러다 일제강점기 들어 1910년엔 부산부 좌이면으로, 1914년엔 동래군 구포면으로 바뀌었고, 뒤에 구포읍으로 승격됐다가 1963년 부산으로 편입됐다.

이런 우여곡절을 겪은 구포의 조선시대 애초 이름은 감동포였다. 낙동강 하류 수로의 요지였던 감동포에는 1682년 세곡을 모아들이는 조창이 설치됐는데, 이를 감동창이라고 불렀고 낙동강 최남단에 있다는 뜻에서 남창이라고도 불렀다.

조창이 들어선 뒤로 감동포 나루(감동진)는 경북 상주의 낙동진, 경남 합천 율지의 밤마리 등과 함께 낙동강 3대 나루터로 꼽히는 물류 중심지로 번성했다. 1867년엔 마을 단위로 수확기에 곡물을 저장해 수해·가뭄·기근에 대비하기 위한 사창이 설치됐다. 이후 나루터 인근에 시장이 서면서 상업이 발달해 1912년에는 우리나라 최초 민족계 지방은행인 구포은행(현 경남은행의 전신)도 설립됐다.

1905년 경부선 철도가 놓이고, 1933년 구포다리(현 낙동강교)가 개통되면서 구포지역의 낙동강 수로 및 물류 중심지로서의 위상은 쇠퇴해갔지만 새로이 사통팔달로 연결된 육상교통의 요지로 떠올랐다. 일제강점기 때 구포장터의 3·1만세운동과 6·25전쟁 때 피난민들의 주린 뱃속을 싼 값으로 채워줬던 구포국수는 지금도 여전히 구포지역의 자랑거리와 명물로 남아 있다.

역사의 블랙박스, 왜성 재발견

낙동강 생태탐방로에서 바라본 구포왜성. 왼쪽 둥근 형태의 구릉에
본성이 있다. 오른쪽 북구 문화빙상센터 건물이 들어선 자리에는 외성이
있었다.

신라 장군 의기 서린 '의성(義城)'에 들어선 왜성

　부산 북구 덕천2동 산 93 일대에 있는 구포왜성은 왜군 제6군
수장 고바야카와 다카카게(小早川隆景)와 휘하 장수 다치바나 무
네시게(立花宗茂) 등이 임진왜란 발발 1년여 뒤인 1593년 7월 낙동
강 수로 확보와 인근 김해·양산지역 왜성과의 연락 및 지원을 위
해 쌓은 왜성이다. 금정산 상계봉에서 서남쪽으로 뻗은 지맥이 끝
나는 곳의 해발 75.7m와 36.5m 높이 두 구릉에 각각 본성과 외성을

쌓아 연결했으나 1970년대 낙동강교 건설로 단절됐다. 이후 외성은 2005년 북구 문화빙상센터가 들어서면서 없어졌다. 본성부 2만 9548m²만 보존돼 부산시 기념물 제6호로 지정돼 있다.

구포왜성은 상계봉 쪽 능선을 끊어 북동쪽으로 방어망을 치고 서쪽과 북쪽으론 낙동강 수로를 통해 김해와 양산 방향으로 나가고, 동쪽으론 만덕고개를 넘어 동래 방향과 연결되는 전략상 요충지에 자리 잡았다. 본성은 낙동강과 주변을 잘 관망할 수 있는 정상부에 본곽을 쌓고, 이를 중심으로 한두 단계 아래쪽 주위까지 모두 5개의 성곽을 두른 뒤, 그 아래쪽에 다시 4개의 성곽을 배치한 형태다.

본곽 주위 성곽은 60~70도로 비스듬히 쌓은 석축이 8~10m 높이로 비교적 잘 남아 있고 본곽 안에 성의 심장부요 지휘소 격인 천수각 터도 있다. 현재 본곽은 빈터로 남아 있지만 주위 다른 성곽 터는 대부분 경작지 또는 사찰 터로 편입돼 관리 부실의 우려를 안고 있다.

동아대 박물관은 2002년과 2004년 문화빙상센터가 자리 잡은 외성 터를 발굴조사해 긴 사각형으로 둘러싼 해자와 건물터 등 왜성 관련 유구를 확인하고, 일본 전국시대 조리 용구 '스리바치'와 중국 명나라의 청화백자, 분청사기, 기와 파편 등 유물을 출토했다. 또 3~4세기로 추정되는 삼한시대 목곽묘를 비롯해 고려·조선시대까지 중첩된 분묘 유구와 유물도 다수 나왔다. 빙상센터 안에 관련 유물전시관이 있지만 무관심 속에 방치돼 관리도 제대로 안 되고 있다.

구포왜성은 1595년 8월 명과 일본 사이의 강화교섭에 따라 왜군

역사의 블랙박스, 왜성 재발견

부산 북구 문화빙상센터 안의 왜성유물전시관에 있는
구포왜성 축소 모형

이 철수하면서 한동안 비어 있다가 정유재란 이후 1598년 3월 제7
군 수장 모리 데루모토가 다시 들어와 개축했다. 이후 제3군 수장
구로다 나가마사가 잠시 수비를 맡다가 5월에 서생포왜성으로 옮
겨 가면서 폐기됐던 것으로 보인다.

　이 왜성은 조선시대엔 감동포성으로 불렸고, 지역 주민들에겐 구
포의성이라고도 불린다. 의성(義城)이라는 이름은 신라시대 때 이
곳에 성이 있었는데, 성을 지키던 황룡 장군과 500여 명의 군사들이
낙동강을 따라 물밀듯이 쳐들어오는 수천 명의 왜구들을 죽음으로
막아냈다는 전설에서 비롯됐다. 그래서 구릉 이름도 의성산이라고
한다. 신라 장군 황룡이 죽음으로 왜구를 막아냈던 그 자리에 1000

여 년의 세월이 흐른 뒤 왜구의 후손들이 다시 쳐들어와 의성의 흔적 대신 왜성의 흔적을 남긴 것이다.

이은호 부산 북구 낙동문화원 사무국장은 "의성 자리에 왜성이 있지만 황룡 장군은 물론 임진왜란 때 이 일대에서 왜적과 맞서 싸운 지역 의병들의 의기가 뚜렷이 남아 있어 지역 주민들에겐 왜성보다 의성이란 이름으로 더 통한다. 구포왜성은 그 역사의 현장으로서 보존 가치가 있고, 의성터와 관련한 발굴조사도 필요하다."고 했다.

수륙교통 요지에 남긴 왜성

조선시대 전국 단위의 공공 업무 수행 및 전파를 위해 각지의 교통 요지에 중계시설과 숙박시설로 각각 역(驛)과 원(院)이 설치됐다. 역은 마필과 관원을 두고 중앙정부의 명령과 공문서 전달, 변방의 긴급한 군사정보 보고 및 외국 사신 영송과 접대, 공공물자 운송 등을 맡았다. 원은 공무 여행자의 숙식 제공과 빈객 접대를 위한 숙박시설을 운영했다.

양산은 조선 전기 경상좌도 남부의 중요 교통 요지로서 11개 속역을 거느린 황산역과 7개 원을 두고 있었다. 황산역은 조선시대 동래에서 한양까지 연결된 간선도로 구실을 했던 영남대로의 중요 거점으로서, 동래를 거쳐 올라온 관리들이 밀양이나 김해로 들어가기 위한 길목이 됐다.

경남 양산시 물금읍 물금리 산 1 일대의 양산왜성은 바로 이 황산역의 교통로와 지리적 이점을 이용해 왜군이 쌓은 성이다. 양산

역사의 블랙박스, 왜성 재발견

양산왜성(물금 증산리왜성)의 본곽 입구. 많이 훼손되긴 했으나 전체
구조를 알 수 있는 윤곽은 뚜렷이 남아 있다.

시 동면 가산리 산 56-1 일대에 있던 호포왜성은 양산의 7개 원 가
운데 호포원이 섰던 교통의 요지를 이용해 왜군이 거점을 마련했던
곳이다.

양산왜성은 명과 일본의 강화교섭이 깨지면서 왜군이 다시 조선
을 침략해 일으킨 정유재란 때인 1597년 12월 왜장 다테 마사무네
(伊達政宗)가 남진하는 조·명 연합군으로부터 부산의 본진을 방어
하기 위해 쌓았다. 양산천이 낙동강으로 흘러들어 가는 삼각주의
해발 133m 야산 두 봉우리 가운데 동북쪽의 높은 곳에 본곽을 쌓

고 동북쪽으로 길게 부곽을 2개 붙였으며, 서남쪽으로도 능선을 따라 부곽을 5개 정도 길게 연결한 뒤 봉우리 쪽에 별도 중심곽을 배치한 모양새를 하고 있다.

본곽 성벽은 4~6m 높이로 비교적 잘 남아 있으나 부곽 쪽은 허물어진 곳이 많다. 성벽 둘레는 1.5km가량 된다.

본곽 동남쪽 아래 산기슭에도 별도 성곽이 남아 있는데 터가 모두 경작지로 이용되고 있다. 밭 곳곳에서 삼국시대 토기와 조선시대 옹기 파편 등이 발견됐다. 양산왜성은 '물금 증산리왜성'이라는 이름으로 경남도 문화재자료 제276호로 지정돼 있다.

이 왜성은 뒤에 모리 데루모토와 고바야카와 히데아키(小早川秀秋)가 고쳐 쌓고, 구로다 조스이(黑田如水)·구로다 나가마사 부자가 주둔했다. 양산왜성이 있는 산은 부산의 증산왜성처럼 꼭대기를 깎은 모양이 시루를 엎어놓은 것 같다고 해서 증산으로 불린다.

지역 향토사학계에선 이 왜성도 구포왜성처럼 『삼국사기』에 '사도성(沙道城)'으로 기록된 삼국시대 성터에 축성한 왜성으로 추정하고 있다.

양산왜성과 양산천 및 낙동강을 사이에 두고 마주 보는 호포왜성은 현재 철저하게 훼손돼 흔적조차 찾기 힘든 상태다. 서쪽 전반부는 35번 국도와 촌락 및 농경지 개설로, 동쪽 후반부는 부산교통공단의 지하철 기지창 건설로 인해 파괴됐다. 호포는 금정산 서쪽 끝자락에 양산천이 낙동강과 합류하는 곳에 있던 교통 요지의 나루로서, 조선 전기까지 호포원이 있다 폐원됐는데, 임진왜란 때 왜군이 그 자리에 왜성을 쌓아 주둔했을 것으로 추정된다. 호포왜성은 축성 시기도 명확하지 않다.

양산 동면의 호포왜성 터. 현재 부산교통공단의 지하철 기지창이 들어서 있다. 강 건너 보이는 낮은 구릉에 양산왜성(물금 증산리왜성)이 있다.

1530년(중종 25년)에 편찬된 『신증동국여지승람』을 보면, 호포원은 당시 양산군에 있던 7개 원의 하나였는데, 이미 북정원과 함께 폐원된 상태였다. 원으로서의 가치가 약화됐거나 잦은 홍수로 인한 범람 때문에 폐원됐을 것으로 추정된다.

왜성은 물론 이에 앞서 호포원과 관련한 유구도 충분히 나올 만한 가능성이 큰 곳인데도 사전에 문화재 발굴조사도 없이 국도나 지하철 기지창 건설 공사가 강행됐던 것이다. 이 때문에 호포원과 호포왜성은 그 이름과 기록으로만 남아 있을 뿐 흔적조차 찾을 수 없는 상황이다. 개발 만능주의와 무지로 인해 소중한 역사문화자산을 잃게 된 대표적인 사례로 지적될 만하다.

구포왜성 : 부산 북구 덕천2동 산 93
양산왜성 : 경남 양산시 물금읍 물금리 산 1
주변 관광지 : 부산 북구 화명생태공원, 구포시장, 양산 물금역, 황산잔도, 오봉산 임경대 등

역사의 블랙박스, 왜성 재발견

6
낙동강 물길을 장악하다

낙동강변 죽도 · 농소 · 마사 왜성

6. 낙동강 물길을 장악하다

낙동강변 죽도·농소·마사 왜성

1592년 임진왜란 개전 초기, 고니시 유키나가가 이끄는 왜군 1군은 부산진성과 동래읍성을 함락한 뒤 밀양으로 향했다. 가토 기요마사의 2군은 부산에서 언양(울산)으로 진군하고 있었다.

도요토미 히데요시로부터 황해도를 점령하라는 명을 받은 왜군 3군 수장 구로다 나가마사는 김해를 거쳐 함안과 김천으로 군을 움직이려 했다.

구로다 나가마사는 후방기지로 삼을 수 있는 기지를 찾다 김해에 주목했다. 김해는 영남 내륙으로 들어가는 관문이자, 호남으로 이어지는 사통팔달의 도시이기 때문이다. 또 김해는 서낙동강을 끼

◀ 죽도왜성 성벽 모서리.
죽도왜성은 부산시 기념물 제47호로 지정돼 있다.

고 있어 수로를 통해 서·북쪽 내륙으로 군사활동을 전개할 수 있는 전략적 요충지이다.

1592년(선조 25년) 음력 4월 19일 오전, 구로다 나가마사는 일본에서 1만여 명의 대군을 태운 대선단을 이끌고 부산 다대포와 녹산을 통과한 뒤 서낙동강의 물길을 거슬러 올라가 김해읍성(경남 김해시 동상동)에서 남쪽으로 5km가량 떨어진 죽도(부산 강서구 죽림동)에 상륙했다.

구로다 나가마사는 곧바로 죽도에 진을 세우고, 불암창(김해 불암동) 공격에 나섰다. 불암창은 조선시대 낙동강을 통해 세곡을 모았던 조창이다. 왜군은 불암창 근처에 있던 조선군 정찰함을 빼앗은 뒤 불암창을 점령했다. 불암창을 지켰던 조선군은 수적 열세로 왜군에 대항하지 못하고 김해읍성으로 후퇴했다.

지휘관이 도망친 김해읍성에서 왜군과 맞선 백성들

김해부사 서예원은 왜군이 침략했다는 보고를 받고, 지금의 경남 창원에 있던 경상우도의 육군 사령관 격인 경상우병사 조대곤한테 급히 파발을 보내 위급상황을 알렸다. 또, 서예원은 경상우도 여러 고을과 진성에도 구원군을 요청했다. 하지만 합천 초계군수 이유검만 김해읍성에 군사를 이끌고 도착했을 뿐 나머지 고을과 진성에서는 지원군을 보내지 않았다.

서예원과 이유검은 김해읍성 성문을 굳게 지켰다. 김해에서 명망이 높았던 송빈, 이대형, 김득기, 류식 등 4명의 의병장은 장정 수백

부산 강서구 죽림동 823 일대에 있는 죽도왜성 전경. 사진은 2005년
죽도왜성 제1외성 발굴조사 당시 모습이다. 임진왜란 당시 왜군은 이 성을
전략적 거점으로 중요하게 여겼다.(위 사진, 부산박물관 제공)
죽도왜성의 현재 모습. 무성한 풀숲에 파묻혀 대략적 윤곽만 드러날 뿐
구체적 모습은 파악하기 어렵다.(아래 사진)

2008년 3월 복원된 김해읍성 북문 모습.
김해시는 북문 출입구에 철망을 쳐 사람들의 출입을 막고 있다.

여 명을 이끌고 김해읍성 방어에 힘을 보탰다. 그렇게 김해읍성에
군사와 백성들이 모였지만, 그 수는 1000여 명에 불과했다.

곧이어 벌떼같이 모인 왜군은 김해읍성을 겹겹이 에워싼 뒤 공격
했다. 서예원은 남문을 지키다, 성안을 돌아다니며 병사들의 사기
를 북돋았다. 이유검은 서문에서 왜군과 직접 맞섰다. 4명의 의병장
들도 김해읍성 각 성문에서 왜군의 공격을 막았다. 1434년(세종 16
년) 석성으로 세워진 김해읍성은 성벽이 높고, 성곽 주위에 땅을 파
고 만든 방어시설인 해자가 깊어 왜군도 쉽게 함락시키지 못했다.

역사의 블랙박스, 왜성 재발견

전투는 이날 오후까지 계속됐다. 왜군의 파상공격에 읍성 주민들은 지쳐갔다. 화살 등 물자도 바닥을 드러냈다.

구로다 나가마사는 작은 읍성을 반나절 동안 공격했는데도 함락시키지 못하자 계책을 썼다. 김해읍성 근처에 흐르는 호계천의 물길을 막아 읍성 식수원을 고갈시킨 것이다. 치열한 전투로 지친 김해읍성 주민들은 갈증으로 괴로워했다. 이때 의병장 류식이 김해읍성 땅 모양을 살핀 뒤 객관 마당의 땅을 파 우물을 만들어 주민들의 갈증을 풀어줬다고 한다.

이날 저녁, 왜군의 공격이 주춤한 사이 이유검이 야간경계를 핑계로 성문을 열고 달아났다. 서예원도 달아난 이유검을 잡아 오겠다며 서문을 열고 나간 뒤 돌아오지 않았다. 지휘관이 사라지자 김해읍성 주민들은 갈피를 잡지 못하고 혼란에 빠졌다. 송빈, 이대형, 김득기, 류식 등 4명의 의병장이 달아난 관군과 지휘관을 대신해 주민들을 다독여 전투를 이끌었다.

왜군은 밤새도록 허수아비를 만들어 성안으로 던지고, 공성전을 하는 척 함성을 지르며 김해읍성 주민들을 괴롭혔다. 그 사이 왜군은 근처 논과 밭에 있는 볏짚과 보리이삭을 날라 김해읍성의 해자를 메워 성벽과 비슷한 높이까지 쌓았다. 김해읍성에 남아 있던 사람들은 뒤늦게야 사태를 파악해 방어에 나섰지만 역부족이었다.

다음 날 아침, 왜군은 김해읍성 동문 쪽 성벽을 넘어 성안으로 물밀듯이 들어왔다. 수적으로 우세한 왜군은 읍성 주민들을 무차별 학살했다. 왜군은 김해읍성을 지켰던 의병장 이대형, 김득기, 류식 등 3명한테 항복을 권했다. 이들 3명의 의병장은 끝까지 손에 쥔 무기를 놓지 않고 싸우다 전사했다.

의병장 송빈은 "예부터 우리 선조들께서 나라의 은혜를 많이 입었으니/후손이 어찌 선조를 배반하고 오랑캐에 항복하리오/힘은 다하고 성은 외로우니 어찌할 수가 없구나/먼저 두 적장을 베어 충성을 다하리라/남의 절개 세울 것을 남이 어찌 권하리오/자네들은 이제 스스로 헤아리기 바라네/북쪽을 향해 백 번 절하고 우리 임금님께 하직하노라"는 시를 읊은 뒤 왜군과 최후까지 싸우다 숨졌다.

조선 조정은 1871년(고종 8년) 이들 4명의 의병장을 기리는 사충단(경남도 기념물 제99호)을 김해읍성 근처에 세웠다. 해마다 음력 4월 20일 이곳에서 이들 의병장을 기리는 제사가 열린다.

김종국 김해문화원 이사는 「의병사의 시원지 김해성의 전투」라는 학술지를 통해 "곽재우 장군은 김해읍성 전투가 끝나고 이틀 뒤인 음력 4월 22일 의병을 일으켰다. 김해읍성 전투에 참여했던 4명의 의병장이 임진왜란 최초의 의병"이라고 주장하고 있다.

1630년(인조 8년) 김해 역사와 행정규모 등을 기록한 뒤 1929년 속간된 『김해읍지』에는 임진왜란 당시 김해의 인물로 권탁을 꼽고 있다. 『김해읍지』에는 "권탁은 경북 안동 사람으로 임진왜란 때 선조의 한글 교서를 받들고 적진에 잠입해 100여 명의 우리 백성을 구했다"고 기록돼 있다.

1593년 4월 왜군은 조·명 연합군의 반격, 의병의 봉기, 조선수군의 활약 등으로 한양 이남으로 후퇴했다. 조선은 백성들의 협력을 얻기 위해 한글로 쓴 「선조국문유서」(보물 제951호)를 1593년 9월 전국 곳곳에 뿌렸다. 「선조국문유서」에는 "왜군을 잡아 오거나, 실정을 조사해 오거나, 동포를 데리고 오는 공로가 있는 자는 양인이나 천민을 막론하고 벼슬과 상을 내린다"는 내용이 적혀 있다.

권탁은 김해 수령을 맡겠다고 조정에 청했다. 당시 김해엔 왜장 나베시마 나오시게(鍋島直茂)가 죽도왜성과 김해읍성, 농소왜성 등에 방어선을 구축한 상태였다. 권탁은 김해 근처 왜군이 세운 진지에 홀로 잠입해 땔깜을 구하러 온 백성들한테 자신을 따를 것을 권했다. 하지만 백성들은 가족들이 왜군에 잡혀 있어 버리고 갈 수 없다며 울었다.

권탁은 백성들한테 술과 음식으로 왜군을 유인하는 계책을 알려줬다. 이튿날 밤, 백성들은 가족들과 왜군 40여 명을 권탁과 미리 약속한 곳으로 데려왔고, 권탁은 왜군을 베고 백성 100여 명을 구했다. 하지만 권탁은 왜군과의 싸움에서 부상을 입고 1593년 11월 숨졌다. 권탁은 1722년(경종 2년) 정3품 당상관(통정대부)에 해당하는 관직인 장례원 판결사로 추증됐다. 권탁의 후손들은 1836년(헌종 2년) 김해 홍동에 '선조어사각'(경남 문화재자료 제30호)을 세우고 권탁이 갖고 있던 「선조국문유서」를 보관했다. 국문학 연구의 중요자료인 「선조국문유서」는 현재 부산박물관에 보관돼 있다.

서낙동강의 전략적 요충지, 죽도왜성

부산 강서구 죽림동 823번지 일대에 있는 죽도왜성(부산시 기념물 제47호)은 임진왜란과 정유재란의 크고 작은 전투에 참가했던 나베시마 나오시게가 1593년 7월 낙동강 수로 확보와 조선군 공격에 대비해 만든 왜성이다. 나베시마 나오시게는 임진왜란에서 100여 명이 넘는 조선 도공을 납치한 것으로 악명 높은 왜장이다. 그는 납치한 조선 도공들의 기술력으로 자신이 다스렸던 일본 규슈의 아리타 지역을 일본에서 가장 유명한 도자기 생산지로 만들었다.

죽도는 부산 녹산 바다에서 서낙동강 물길을 따라 김해평야로 들어오는 길목에 위치한 전략적 요충지이다. 왜군은 명나라와 강화 교섭을 추진하면서 1595년 단계적으로 병력을 일본으로 철수시켰는데, 죽도왜성과 증산·안골·가덕 왜성에는 병력을 남겨놓았다. 전략적 가치가 높은 왜성들이기 때문이다. 왜군은 1597년 정유재란이 발발하자 죽도왜성에 병력을 증강해 부산과 김해를 잇는 방어선을 구축했다.

죽도왜성은 동·서로 길게 늘어선 모양새로 북쪽으로는 김해시, 동쪽으로는 낙동강과 부산 북구 구포 쪽을 바라보고 있다. 임진왜란 당시에는 죽도왜성 동쪽 부분이 서낙동강과 맞닿아 있어 배를 댈 수 있었다.

죽도왜성 본성은 해발 47.5m 오봉산 봉우리를 중심으로 자리 잡고 있는데, 천수각이 있던 1곽을 포함해 동서쪽으로 모두 10개의 성곽을 배치했다. 본성에는 현재 높이 1~5m, 길이 10~30m의 성벽이 곽마다 남아 있다. 성벽은 60~70도로 비스듬하게 쌓아져 왜성의 특징을 그대로 간직하고 있다.

죽도왜성 본성에선 서낙동강 뱃길과 김해평야, 김해시가 한눈에 내려다보인다. 본성 중심부에는 공동묘지가 들어서 있으며, 일부 외곽 성터는 밭이 돼 있다. 죽도라는 이름에 걸맞게 왜성 터 곳곳에서 대나무 숲을 찾아볼 수 있다. 본성의 북동쪽 중턱에는 6·25전쟁 참전 용사 유골 39기가 안장돼 있는 국군묘지가 있다. 이 묘역은 1951년 6·25전쟁 당시 낙동강 전투에서 산화한 전몰용사들의 유

죽도왜성 본성의 북동쪽에는 6·25전쟁 참전 용사 39명의 유해가 묻혀 있는 국군묘지가 있다. 이 묘지에는 1951년 낙동강 전투에서 전사한 국군의 주검이 안장돼 있다.

골을 모신 곳이다.

본성 서쪽 끝자락에서 100m가량 떨어진 구릉에는 죽도왜성 제1외성이 자리 잡고 있다. 본성과 제1외성 사이에는 부산신항만 배후도로인 가락대로가 지나가고 있다. 동아대 박물관은 2005년 가락대로를 건설할 때 죽도왜성 제1외성 터를 발굴조사해 제1외성의 7개 곽을 확인하고, 제1외성 석축 일부, 상평통보, 기와 조각 등을 출토했다.

본성 동남쪽에서 150m가량 떨어진 낮은 구릉에는 제2외성 터가 있다. 제2외성 구릉 정상은 평평한 땅이 있고 아래쪽으로 작은 규모의 공간이 계단식으로 나열돼 있다. 제2외성 터엔 문헌상의 기록 말고는 왜성과 관련된 흔적이 확인되지 않고 있다.

멸실돼가는 농소·마사 왜성

김해에 있는 농소왜성과 마사왜성은 죽도왜성의 방어를 돕는 지성으로 구분된다. 하지만 이 두 왜성의 축성시기는 불분명하다.

경남 김해시 주촌면 농소리 산 21번지 일대에 있는 농소왜성의 1곽 성벽 흔적. 죽도왜성의 지성인데, 무덤과 경작지로 활용되고 있어 멸실 직전 상태이다.

　　　　　　　　　역사의 블랙박스, 왜성 재발견

김해시 주촌면 농소리 산 21번지 일대에 있는 농소왜성은 김해시가 보이는 낮은 구릉(해발 70m)에 자리 잡고 있다. 농소왜성에서 남쪽으로 서낙동강의 지류인 조만강이 보이는데, 일제강점기 이전에는 이곳 바로 앞까지 낙동강물이 들어왔던 것으로 학계는 추정하고 있다.

농소왜성은 2001년 김해국도 대체구간 공사를 진행하다 발견됐다. 당시 학계는 발굴조사를 통해 이곳의 왜성 일부를 확인했다. 농소왜성은 구릉 정상에 1곽을 중심으로 그 아래쪽으로 2곽과 3곽을 나란히 배치한 모양새이다. 현재 이 왜성의 1곽에는 무덤들이 들어

경남 김해시 생림면 마사리 산 205번지와 한림면 금곡리 산 1번지 일대에 걸쳐 있는 마사왜성에서 바라본 낙동강 모습. 마사왜성은 관리가 되지 않은 채 버려진 상태이다.

서 있으며, 2곽과 3곽 추정 지역에는 밭이 있다. 1곽 북서쪽 모퉁이에서 석축 일부를 발견할 수 있었지만, 다른 흔적은 찾아볼 수 없다. 멸실 직전 상태인 것이다.

마사왜성은 김해시 한림면 금곡리에 있는 작약산(해발 377m) 산등성 끝자락의 구릉(해발 80m) 정상에 위치하고 있다. 왜성 서쪽 아래에는 낙동강이 흐르고, 강 건너편으로 밀양시 하남읍 명례리가 내려다보인다. 마사왜성도 구릉 정상에 1곽을 중심으로 아래쪽에 계단식의 2곽과 3곽을 배치한 모습이다. 학계는 마사왜성과 농소왜성이 비슷하게 작은 규모의 진지 격 왜성으로 추정하고 있다.

마사왜성도 성터와 성문의 위치를 가늠해 왜성이 있었다는 것을 확인할 수 있었을 뿐 눈에 드러나는 왜성의 흔적을 찾을 수 없다. 죽도왜성, 마사왜성 등 작은 규모의 왜성 터는 사유지가 대부분인데, 정부나 지방자치단체가 왜성터를 방치해 점점 황폐해지고 있다. 세월이 지나감에 따라 그나마 조금이라도 남아 있던 왜성의 흔적도 사라지고 있다.

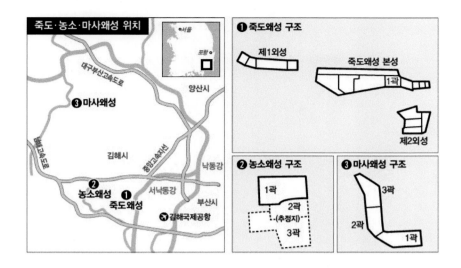

죽도왜성 : 부산 강서구 죽림동 823 일대
농소왜성 : 김해시 주촌면 농소리 산 21 일대
마사왜성 : 김해시 생림면 마사리 산 205, 김해시 한림면 금곡리 산 1 일대
주변 관광지 : 김해읍성, 무척산, 맥도생태공원, 부산경남경마공원 등

7
왜군, 진해에
수군기지를 건설하다

진해 웅천 · 안골 · 명동 · 자마 왜성

복원된 웅천읍성 동문과 주변 성곽.
웅천읍성은 임진왜란 때 왜군에게 점령돼 웅천왜성의 지성으로 사용됐다.
경상남도 기념물 제15호로 지정돼 있다.

7. 왜군, 진해에 수군기지를 건설하다

진해 웅천·안골·명동·자마 왜성

"이 나라에 내가 내 발로 왔다면야 고향이라 생각할 수도 있겠지요. 그러나 나는 무도한 싸움 때문에 붙잡혀 끌려온 희생자예요. 아무리 애정을 베풀어준다 하더라도 잡혀 온 사람들에게 고국으로 돌아갈 날이 오지 않는 한, 이 나라는 원수의 나라일 뿐이지요. 이 나라를 어떻게 고향이라 생각할 수 있겠어요."

임진왜란 발발 이듬해인 1593년 고니시 유키나가 군에게 포로로 붙잡혀 진해 웅천왜성에서 일본으로 끌려간 조선인 소녀 '수란'은 모리 레이코(森禮子)의 소설 『삼채의 여자』에서 고향을 그리워하며 이렇게 말한다. 이 소설은 일본에 포로로 끌려가 끝내 고향으로 돌아오지 못하고 생을 마친 실제 인물 '오타 줄리아(Ota Julia)'의 일대기를 다루고 있다.

1592년 임진왜란 초기 평안도와 함경도까지 밀고 올라갔던 왜군

역사의 블랙박스, 왜성 재발견

은 조·명 연합군과 의병에 밀려 1년 만에 부산 등 경상도 남해안 지역으로 후퇴한다. 도요토미 히데요시는 1593년 5월 왜군 선봉장이었던 고시니에게 전략적으로 중요한 진해에 성을 쌓고 주둔할 것을 명령했다.

진해는 한일 교류사에 있어 매우 중요한 위치를 차지하고 있다. 부산-진해-마산-거제 일대와 일본 규슈 북부지역은 한반도와 일본 열도를 연결하는 최단거리이고, 항해술이 발달하지 않은 고대에도 쓰시마·이키 등 사이에 있는 섬을 징검다리 삼아 보름이면 건너갈 수 있었기 때문이다. 덕택에 진해는 한일 교류의 요충지 구실을 했지만, 동시에 왜구의 노략질에 숱한 피해를 당했다. 이 때문에 진해는 일찌감치 한일 교역의 중심지이자 군항으로 발달했다.

특히 임진왜란 때는 전쟁 기간 내내 조선 수군과 일본 수군의 격전지였다. 서해로 진출하려는 왜군이나, 왜군 본거지인 부산을 되찾으려는 조선 수군이나 진해 앞바다를 피해 갈 수 없었기 때문이다. 1592년 5월 7일 거제 옥포에서 벌인 첫 전투(옥포해전)에서 대승리를 거둔 조선 수군은 달아나는 왜군을 진해 앞바다까지 쫓아가 왜선 5척을 격침(합포해전)시키고 회군했다. 같은 해 7월 9일 한산도 해전에서 또다시 대승리를 거뒀을 때도 조선 수군은 진해 안골포까지 왜군을 쫓아가 왜선 30척을 불사르고 철수(안골포해전)했다. 조선 수군은 이듬해 3월 3일부터 4월 3일까지 한 달 동안 진해에 주둔해 있는 왜군을 격파하기 위해 7차례나 출격(웅포해전)했다.

진해의 군사적 중요성은 현대에 들어 더욱 커져, 일제강점기 일본은 진해에 해군기지를 건설했다. 해방 직후엔 미군이 진해를 군항으로 이용했고, 현재 우리 국군 역시 진해에 해군기지를 두고 있다. 벚꽃 만발한 봄마다 열리는 진해 군항제는 이 지역을 대표하는 축제로 자리 잡았다.

고니시를 중심으로 그의 사위이자 쓰시마 도주였던 소 요시토시(宗義智) 등 여러 장수들은 진해에 웅천왜성, 안골왜성, 명동왜성, 자마왜성 등을 쌓아 조선 수군을 견제했다.

왜군 제2거점, 웅천왜성

웅천왜성은 해발 184m 진해 남산 꼭대기에 있다. 성벽 둘레 1250m에 면적 1만 7930m²로, 전체 왜성 가운데 울산 서생포왜성 다음으로 크다. 웅천왜성은 안골포, 마산, 가덕도, 거제도 등과 육로와 해로 모두 연락하기 좋은 위치에 있으며, 일본으로 철수하기에도 좋은 위치이다. 왜군은 이곳을 부산 다음의 제2거점으로 삼았다.

웅천만과 와성만 사이 바다로 길쭉하게 뻗은 남산은 3개의 봉우리로 이뤄져 있는데, 육지에서 바다 쪽으로 차례대로 제포진성, 제포왜관, 웅천왜성이 자리 잡고 있다. 제포진성에서 조금 더 내륙으로 들어가면 평지에 웅천읍성이 있다. 웅천읍성에서 웅천왜관까지는 직선거리로 2km도 떨어져 있지 않다.

네 가지 시설 가운데 가장 먼저 생긴 것은 제포왜관이다. 1419년(세종 원년) 쓰시마 정벌로 모든 왜관이 폐쇄됐다가, 1423년(세종 5년) 제포(내이포)와 부산포에 왜관을 설치하고, 1426년(세종 8년) 울산 염포가 추가 지정됨에 따라 삼포가 정착됐다. 제포왜관은 1510년(중종 5년) 삼포왜란 이후 다른 왜관들이 폐쇄된 이후에도 유지되

웅천왜성 제1곽 천수대로 들어가는 통로.
천수대 터에는 소나무가 빼곡히 들어차 있다.

다 1547년(명종 2년) 폐쇄됐다. 제포왜관은 삼포왜관 가운데 가장 번성했던 곳으로 한창때는 이곳과 주변 왜인촌에 사는 왜인이 2500명에 이르렀다. 하지만 제포왜관 터는 문화재로 지정되지 않았다는 이유로 발굴조사조차 이뤄지지 않은 상황에서 부산신항 물류를 위한 도로 건설로 훼손될 처지에 놓여 있다.

웅천읍성은 1434년(세종 16년) 남해안에 출몰하는 왜구와 제포왜관의 왜인들을 통제하기 위해 축조됐다. 하지만 삼포왜란 때는 왜인들에게 함락돼 동문이 불탔고, 임란 때는 왜군에게 함락돼 웅천왜성의 지성으로 사용됐다. 성벽 둘레에는 폭 4m가량의 해자가 있다. 2001년부터 2008년까지 4차례 조사가 이뤄졌는데, 적이 넘어오지 못하도록 바닥에 박아놓은 나무말뚝(목익)과 들었다 내렸다 할 수 있는 나무다리(도개교)가 해자에서 확인됐다. 웅천읍성에는 동서남북으로 4개의 대문이 있었는데, 현재 동문인 견룡문과 주변 성벽이 복원된 상태이다. 이것은 경남도 기념물 제15호로 지정돼 있다.

제포진성은 제포왜관의 왜인들이 무단 이주하거나 웅천읍성에 해를 끼치는 것을 막기 위해, 1437년(세종 19년) 합포에 있던 해군기지인 수군첨절제사영을 이곳으로 옮겨 오며 쌓은 것이다. 하지만 임란 때 왜군에게 점령됐고, 성벽 돌은 웅천왜성을 쌓는 데 사용됐다. 이 때문에 애초 성벽 둘레가 1377m에 이르렀으나, 현재 남은 것은 100여m에 불과하다. 제포성지는 경남도 기념물 제184호로 지정돼 있다. 현재 곳곳에 건물이 들어서고, 나머지 대부분 지역은 밭으로 사용돼 성 내부 구조를 파악하기 어려운 실정이다.

천주교 신자였던 고니시는 웅천왜성 완공을 눈앞에 둔 시점에서 당시 일본에서 활동하던 스페인 출신 그레고리오 데 세스페데스(Gregorio de Cespedes) 신부를 웅천왜성에 초청하기도 했다. 세스페데스 신부는 1593년 12월 27일 부산에 상륙해 이튿날 웅천왜성에 와서 1595년 6월 초순까지 1년 6개월가량 머물며 웅천왜성과 주변 왜성에 있던 왜군 천주교 신자들을 대상으로 미사 집전과 교리 강론을 하고 이교도들에게 세례를 주는 등 사목활동을 폈다.

역사의 블랙박스, 왜성 재발견

스페인 출신 그레고리오 데 세스페데스 신부의 웅천왜성 방문 기념비.
세스페데스 신부는 천주교 신자였던 고니시 유키나가의 초청으로 1593년
12월 28일부터 1595년 6월 초순까지 1년 6개월가량 웅천왜성에 머물며
왜군을 상대로 사목활동을 펼쳤다.

웅천왜성 인근엔 세스페데스 신부를 기리는 기념비가 세워져 있다. 기념비엔 "세스페데스는 스페인 사람으로 1593년 12월 27일 우리나라 땅을 처음 밟은 서양인이다. 그는 예수회의 신부였으며 임진왜란 때 이곳 웅천포를 거쳐 이 땅에 들어왔고 일 년가량 머물다가 일본으로 건너갔다. 세스페데스 신부의 한국 방문은 1653년 8월 제주도에 표류되어 들어왔던 하멜(네덜란드 사람)보다 60년이나 앞선 일이다"라고 적혀 있다. 이 비는 스페인 조각가 마누엘 모란떼의 작품으로, 1993년 세스페데스 신부의 방한 400주년을 기념해 그의 고향인 스페인 똘레도의 비야누에바 데 알까르대떼 시민들이 헌정한 것이다. 창원시는 2015년 말 이 일대를 세스페데스 공원으로 지정했다.

고니시는 또 일본으로 끌고 간 조선인 포로 상당수를 천주교 신자로 만들었다. 오타 줄리아도 이 가운데 한 명이다. 그녀의 조선 이름, 생몰연도, 고향 등은 알 수 없으나, 일본에 끌려가서 고니시 유키나가 부인의 시녀로 지내다, 1596년 5월 일본에서 활동하던 베드로 모레홍(Petro Morejon) 신부에게서 영세를 받고 천주교 신자가 됐다. 1600년 고니시 유키나가가 처형된 뒤에는 도쿠가와 이에야스 부인의 시녀가 됐다. 그녀는 천주교 신자인 것이 발각됐으나 끝내 배교를 거부해 40여 년간 유배생활을 하다 일본에서 생을 마감했다.

오타 줄리아는 1960년대 이후 소설, 시, 영화, 뮤지컬, 축제 등을 통해 새롭게 부각되고 있다. 그녀를 주인공으로 다룬 소설로는 모리 레이코의『삼채의 여자』외에도 엔도 슈사쿠(遠藤周作)의『유리아라고 부르는 여자』, 후데우치 유키코(筆內幸子)의『오타 줄리아의 생애』, 하라다 고사쿠(原田耕作)의 『오타 줄리아』, 다니 신스케(谷眞介)의 『주리아 오타』, 아라야마 도오루(荒山徹)의 『사랑 슬픔을 넘어서』 등이 있다. 우리나라에도 표성흠의 『소설 오다 쥬리아』 등이 있다. 또 오타 줄리아가 천주교 배교를 거부해 유배생활을 했던 도쿄 남쪽 이즈제도의 고즈시마에선 1970년부터 해마다 5월 그녀를 기리는 '줄리아 축제'를 열고 있다.

고니시는 1595년 2월 웅천왜성에서 명나라 유격장 진운홍과 강화교섭을 시도했는데, 당시 접반관으로서 진운홍을 수행했던 이시발은 "성은 바다를 메우듯 조성되었고 선착장은 밤하늘 별처럼 줄을 잇고 있다"고 조정에 보고했다.

세스페데스 신부도 웅천왜성에 도착한 직후 일본의 포르투갈인 신부 루이스 프로이스(Luis Frois)에게 보낸 편지에서 "웅천성은 난공불락으로 조만간 거대한 성벽과 망루와 치성을 가진 대단한 공사가 마무리될 것입니다. 이 근처에는 아우구스티뉴(고니시 유키나가의 세례명) 휘하의 모든 중신과 병사, 동맹자, 종속자가 머물고 있습니다. 이들 모두는 매우 잘 지은 넓은 저택에서 지내고 있으며, 더 높은 지위에 있는 자들의 저택은 돌담으로 둘러싸여 있습니다"라고 웅천왜성의 웅장함과 화려함을 소개했다.

하지만 성의 웅장함과 달리 웅천왜성에 주둔해 있던 왜군의 처지는 매우 곤궁했다. 조선 수군이 남해안 제해권을 철저히 틀어쥐고 있어 본국으로부터의 보급이 끊기다시피 했기 때문이다. 고니시는 사실상 조선 수군과의 맞대결을 포기하고, 성에 틀어박혀 농성전으로 버텼다.

정확한 시점은 알 수 없으나 세스페데스 신부는 루이스 프로이스 신부에게 두 번째 보낸 편지에서 "굶주림, 추위, 질병 등 일본에서 상상하는 것과는 너무도 다른 고통을 겪고 있는 이들 가톨릭교도들의 고난은 너무나도 가혹합니다. 관백 전하(도요토미 히데요시)가 식량을 보내준다 해도 이곳에 도착하는 양은 실로 보잘것없어서 전군을 먹여 살리기에 턱없이 부족합니다. 일본에서 지원은 이미 중단된 지 오래이며, 최근 2개월 동안은 도착한 배도 없습니다"라고 어려움을 털어놓았다.

웅천왜성은 남산에 있기 때문에 남산왜성이라고도 불리며, 경남도 기념물 제79호로 지정돼 있다. 부산신항 건설에 따른 대규모 매립으로 지금은 육지에 둘러싸여 있지만, 당시에는 동쪽과 남쪽이 바다와 접해 있었다. 현재 성곽은 여러 곳 허물어졌지만, 본성곽은 아직도 예전의 웅장함과 정교함을 느끼기에 부족하지 않다. 420년 전 만들어진 돌계단은 밟고 뛰어도 전혀 흔들림 없이 견고함을 유지하고 있다. 바다로 뻗은 성곽 끝부분은 부산 강서구 부산신항과 경남 김해시를 잇는 해상교량인 남문대교의 허리부분과 맞닿을 듯 인접해 있다. 이 때문에 남문대교는 설계 과정에서 웅천왜성을 피해 선형을 살짝 틀었다.

왜군 해군기지, 안골왜성

고니시 유키나가가 웅천왜성을 쌓을 때, 와키자카 야스하루(脇坂安治), 가토 요시아키(加藤嘉明), 구키 요시타카(九鬼嘉隆) 등은 해발 100m의 동망산 꼭대기에 안골왜성을 쌓았다. 이들은 왜군 수군을

역사의 블랙박스, 왜성 재발견

안골왜성 제1곽으로 들어가는 통로 쪽 성벽.
통로 안으로 들어가면 지휘소 자리인 천수대 터가 나온다.

대표하는 장수들로, 해전에서 거듭 타격을 입고 일본으로부터 보급
이 원활하지 못하자 조선 수군을 막기 위한 수군기지로 삼기 위해
안골왜성을 쌓은 것이다.

　왜군은 안골왜성을 쌓을 때 인근에 있던 조선 수군기지인 안골
포진성의 성벽 돌을 가져다 썼다. 안골포진성 서쪽 성벽 일부는 아
예 안골왜성의 성벽으로 이용됐다. 안골포진성은 1490년(성종 21년)
건설됐다. 앞서 이곳엔 1462년(세조 8년) 김해 가망산에 있던 만호진
이 옮겨 와 주둔해 있었다. 하지만 임란 때 제포진성처럼 왜군에 함
락됐다.

명동왜성에서 바라본 진해 앞바다.
오른쪽으로 멀리 거제도까지 한눈에 들어온다.

안골왜성은 웅동만을 사이에 두고 웅천왜성과 마주 보며, 부산의 길목인 가덕수로를 지키는 구실을 했다. 현재 가덕수로는 부산신항 건설로 매립돼 대부분 메워졌다. 일제강점기 일본은 안골왜성을 고적 '웅천안골리성'으로 지정해 관리했다. 현재는 경남도 문화재자료 제275호로 지정돼 있다.

명동왜성은 웅천왜성의 지성으로, 1593년 마쓰우라 시게노부(松浦鎭信)가 진해 명동마을 주변 구릉에 쌓고, 소 요시토시가 주둔했다. 마쓰우라는 일본 규슈지역에 있던 히라도 번의 번주로, 고니시가 사령관으로 있던 왜군 제1군에 소속돼 있었다.

역사의 블랙박스, 왜성 재발견

자마왜성이 있는 자마산 꼭대기 부근 모습.
울창한 숲에 파묻혀 성곽의 모습이 거의 드러나지 않는다.

　　명동왜성은 진해만 동쪽과 거제만 북쪽을 감시할 수 있는 위치
에 크게 4개의 성곽으로 이뤄져 있다. 명동마을 앞바다에 접한 나지
막한 구릉에 성곽이 하나 있고, 명동마을 뒷산인 성실봉 꼭대기에
또 성곽이 하나 있다. 성실봉 꼭대기 부근에 외성으로 추정되는 성
곽이 2개 더 있다. 명동마을 앞 구릉에 있는 성곽과 성실봉 꼭대기
에 있는 성곽 가운데 어느 것이 먼저 축성됐는지 명확하지 않으며,
어느 성곽이 주 성곽인지도 불명확하다.

　　성실봉 꼭대기의 성곽은 숲에 파묻혀 있지만 형태를 쉽게 알아
볼 수 있다. 성곽 주변 곳곳에서 부서진 기와와 성벽을 쌓기 위해

돌을 깬 흔적이 발견된다. 그러나 명동마을 앞 구릉에 있는 성곽은 닭장과 채소밭으로 사용되면서 훼손 정도가 심한 상태이다. 두 성곽 어디에서든 진해 앞바다가 한눈에 내려다보이고, 동쪽으로는 매립돼 육지로 변모한 부산신항, 서쪽으로는 거제가 훤히 보인다.

웅천왜성의 또 다른 지성인 자마왜성은 와성만 북쪽 해발 240.7m인 자마산 꼭대기에 세워졌다. 애초 이곳엔 삼국시대 때부터 산성이 있었는데, 소 요시토시가 기존 산성을 일부 고쳐 왜성으로 이용한 것으로 추정된다. 우거진 숲에 파묻혀 성곽 흔적을 찾기 어려운 상태이지만, 산 위에서는 지금도 조선식 돌담이 발견된다. 자마왜성 터에서는 바다는 물론 웅천읍성 지역을 훤히 내려다볼 수 있다.

역사의 블랙박스, 왜성 재발견

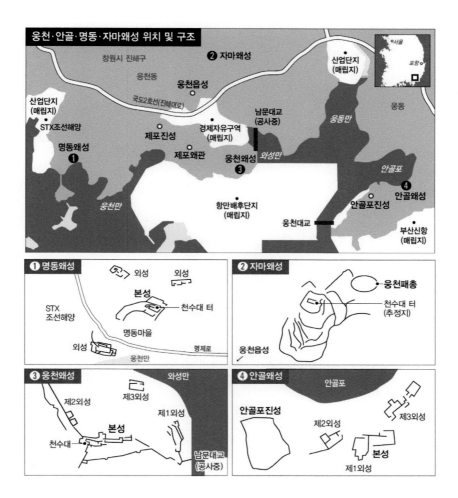

웅천왜성 : 경남 창원시 진해구 남문동 산 211-1

안골왜성 : 경남 창원시 진해구 안골동 산 27

명동왜성 : 경남 창원시 진해구 명동 산 1-1

자마왜성 : 경남 창원시 진해구 성내동 산 15

주변 관광지 : 웅천읍성, 진해해양공원, 진해드림파크 등

8
가덕도를 점령해
남해안 바닷길을 확보하다

부산 가덕왜성과 지성

가덕왜성 주곽 부분의 성벽.(부산박물관 제공)

역사의 블랙박스, 왜성 재발견

8. 가덕도를 점령해
남해안 바닷길을 확보하다

부산 가덕왜성과 지성

1509년(중종 4년) 음력 1월 5일 조선 조정이 발칵 뒤집혔다. 1508년 11월 2일 웅천현(경남 창원시 진해구 웅천동)의 조선 관리와 백성 등 9명이 인근 가덕도(부산 강서구 가덕도동)에 나무를 베러 갔다가 살해됐는데, 이 사건의 범인이 왜인으로 밝혀졌기 때문이다.

경상도 경차관으로 파견돼 이 사건을 조사한 김근사는 우리나라 사람들이 벌목을 하려고 가덕도 깊숙이 들어간 것을 왜인들이 보고 밤에 몰래 쳐들어가 변고를 일으켰다고 조선 조정에 보고했다.

조선 조정은 군사 업무를 총괄하던 병조의 의견을 좇아 일본의 쓰시마 도주한테 이 사실을 알리고 엄중 경고했다. 또 조선 조정은 삼포에 거주하는 왜인들의 우두머리를 불러 범행을 저지른 왜인을 찾아내라고 명령했다.

1426년(세종 8년) 조선 조정이 우리나라 남해안 일대에서 노략질을 일삼던 왜구들을 회유하려고 삼포(부산 부산포, 웅천 내이포, 울산 염포)를 개항해 왜인과의 무역을 허락했지만 왜인들의 침탈은 점차 심해져 중종 때 절정에 달했다. 1506년(중종 원년) 조선 조정은 삼포의 왜인들을 법규에 따라 엄격히 통제했는데, 이 와중에 가덕도 사건이 발생한 것이다.

이후 삼포왜란 등 크고 작은 왜인들의 변란이 끊이지 않자, 조선 조정에선 가덕도에 진을 설치하는 논의가 일어났다. 가덕도는 일본 쓰시마에서 북쪽으로 60여km 거리에 불과하고 우리나라 남해안과 동해안을 잇는 바닷길에 자리 잡고 있어, 왜인들이 통일신라시대부터 노략질의 전초기지로 삼았던 곳이다.

1518년 1월 경상도의 육군사령관 격인 경상병마절도사 조윤손은 왜적의 침략을 막기 위해 가덕도에 진을 설치해야 한다고 주청했다. 가덕도에 진을 설치하면 왜인들이 자주 다니는 경상도 바닷길의 요충을 점거하는 것이고, 진에 주둔 병력이 많지 않더라도 왜인들이 감히 어찌할 수 없다고 봤기 때문이다.

이후 가덕도 진 설치 논의는 수십 년 동안 계속됐다. 1538년 8월 우의정 김극성은 가덕도 진 설치를 반대했다. 김극성은 가덕도

역사의 블랙박스, 왜성 재발견

부산과 남해를 최단거리로 연결하는 가덕수로 전경. 왼쪽이 육지이고, 오른쪽 윗쪽 큰 섬이 부산 가덕도이다. 왜군은 가덕도에 왜성을 쌓아 가덕수로를 통과하는 조선 수군을 견제했다. 현재는 부산신항 건설을 위해 양쪽 해안 모두 매립돼 수로가 막힌 상태이다.(경상남도 제공)

가 바다 가운데 있어 다른 지역의 군이 급히 도울 수 없고, 진을 설치하더라도 두 개의 진을 세워야 한다고 주장했다. 두 진의 병사도 1500명 이상 주둔해야 하고, 이에 따른 각 상단의 보급품 비리도 발생할 수 있다고 우려했다. 또 김극성은 단병(칼 등 백병전 무기)에 능한 왜인들이 쳐들어온다면, 말을 달리며 활을 쏘는 우리 병사들이 섬에 갇혀 제대로 대응할 수 없다고 반대했다.

지지부진했던 가덕도 진 설치는 사량진왜변으로 급물살을 탔다. 사량진왜변은 1544년 4월 왜인들이 20여 척의 배를 이끌고 사량진(경남 통영시)에 침입해 조선 백성들과 말을 약탈해 간 사건이다. 조선 조정은 1544년 5월 경상우도의 바닷가를 방어하기 위해 가덕도에 가덕진성과 천성진성을 설치했다. 이후 왜인들의 침략은 줄어들었다.

1592년 4월 조선을 침략한 왜군은 전쟁 초기에 경상도 바닷길의 전략적 요충지인 가덕도를 공격해 점령했다.

경상도 바닷길의 요충지, 가덕도

가덕도는 면적 20.78km²에 둘레 약 36km로 부산에서 가장 큰 섬이다. 동쪽으로는 낙동강과 부산이 있고, 서쪽으로는 경남 거제가 있다. 가덕도는 조선시대 웅천군에 속해 있다가 1908년 창원군, 1910년 마산부, 1980년 의창군, 1989년 부산 강서구로 편입됐다.

가덕도는 부산~남해안을 잇는 바닷길 통로에 있는 전략적 요충지이다. 통일신라는 가덕도를 당나라와 무역을 하고 돌아오던 주요 귀항지로 삼았다. 조선시대 말 흥선대원군은 1866년 해군기지가 있었던 가덕도에 쇄국정책의 상징물로 척화비(부산시 기념물 제35호)를 세웠다. 척화비는 현재 부산 강서구 천가초등학교 운동장에 있다. 일제강점기 직전인 1904년 일본 해군도 가덕도 외양포에 침입해 군사시설을 만들어 1945년 8월 일본 패망 때까지 운영했다.

통일신라~조선시대에 이르기까지 우리나라 남해안을 침략한 왜

가덕왜성 주곽에서 북서쪽으로 바라본 전경. 부산신항만이 내려다보인다.
현재는 해안이 매립돼 다리를 통해 육지와 연결돼 있어 부산~남해안의
바닷길은 막힌 상태이다.

인들도 가덕도에서 태세를 정비한 뒤 노략질에 나섰다. 『조선왕조
실록』에는 "가덕도는 경상우도의 왜구 통로의 요충지이다. 왜인들
은 반드시 이곳을 통해 남해안과 전라도로 향한다"고 기록돼 있다.

임진왜란이 일어난 뒤 왜군과 명나라가 강화교섭을 하던 1595년
조선 조정은 왜군이 물러간 뒤 재침을 막기 위해 가덕도에 군사를
증강 배치하려고 했다. 1595년 7월 14일 영의정 류성룡은 선조한테
가덕진성과 천성진성에 경상우도 군사들을 배치하고, 뱃길의 수군
도 배를 나란히 해 오르내리게 하면 왜군이 넘어올 수가 없을 것이

라고 조언했다.

하지만 왜군은 명나라와 강화교섭을 하면서도 가덕왜성에 병사를 계속 주둔시켰다. 왜군은 조선을 다시 침략할 때 가덕도 바닷길을 통해 거제와 호남 쪽으로 침공할 전략을 세우고 있었는데, 이를 위해선 가덕왜성을 확보하고 있어야 했다.

1597년 정유재란 때 가덕도 근처 바다에서 조선 수군과 일본 수군이 맞붙었다. '가덕도해전'이다. 왜군은 명나라와의 강화교섭이 깨지자 1597년 1월부터 조선을 다시 침략했는데, 조선 조정은 당시 삼도수군통제사를 맡았던 원균에게 왜군을 바다에서 막으라고 지시했다. 원균은 조선 육군이 진해 안골포 쪽을 먼저 공격해야 한다고 했지만, 조선 조정은 이를 받아들이지 않았다.

원균이 수군을 움직이지 않자, 조선 조정은 종사관(조선시대 각 군영에 딸린 장수를 보좌하던 관직)을 급파해 원균의 출전을 독촉했다. 원균은 1597년 6월 18일 100여 척으로 꾸려진 함대를 이끌고 한산도에서 발진해 이튿날 안골포에서 왜군을 물리쳤다. 이어 원균의 함대는 가덕도 쪽으로 나아갔는데, 가덕도 근처 바다에서 왜군 함대의 역습을 받아 후퇴했다.

왜군이 끝내 포기하지 않은 가덕왜성

가덕도에 딸린 북동쪽의 작은 섬인 눌차도에 있는 가덕왜성은 왜군 제6군 사령관 고바야카와 다카카게(小早川隆景) 등이 가덕도 북쪽 바닷길을 확보해 보급로를 구축하면서 조선 수군의 공격에

역사의 블랙박스, 왜성 재발견

가덕왜성 주곽 터에서 남쪽으로 바라본 전경. 눌차·성북·동선동과
맞닿아 있는 얕은 수심의 만이 보인다. 이 만은 왜군이 조선 수군에 쫓길
때 긴급피난처 구실을 했던 것으로 추정된다.

대비하기 위해 1593년 9월 쌓은 왜성이다.

고바야카와 다카카게는 부산 증산왜성을 쌓은 모리 테루모토 가문 소속이며 용장으로 알려진 인물이다. 그는 임진왜란 때 도요토미 히데요시로부터 전라도 지역을 확보하라는 명을 받았는데, 1592년 7월 8일 충남 금산의 이치(배재)에서 1만여 명의 왜군을 이끌고 권율 장군이 지휘하는 1000여 명의 조선군과 싸워 패했다. 그는 또 경기 고양시 덕양구 고양동에 있었던 역관인 벽제관에서 벌어진 전투에서 명나라의 이여송 장군과 격전을 벌였다.

가덕왜성은 가덕도 북쪽 바닷길인 가덕수로를 감시할 수 있는 길목에 있다. 특히 가덕왜성이 있는 눌차도 남쪽으로는 가덕도 북쪽과 맞닿아 있는 얕은 수심의 눌차만이 있는데, 소형 군선을 주력으로 사용했던 왜군들은 이곳에 배들을 정박했다. 이 만은 왜군이 조선 수군에 쫓길 때 긴급피난처로 사용했던 것으로 학계는 추정하고 있다. 조선 수군의 주력인 판옥선은 대형 군선이라 수심이 얕은 이 만에 진입할 수 없기 때문이다.

왜군은 강화교섭을 진행하면서 일본으로 철군하겠다는 명나라와의 약속을 제대로 지키지 않았다. 가덕왜성 등 전략적 요충지에 쌓은 5개 왜성에는 병력을 남겨놓았다. 왜군은 낙동강 물길 방어와 부산~남해안 쪽으로의 연락·수비 등 제해권 확보를 위해 가덕왜성을 반드시 쥐고 있어야 했다. 왜군은 임진왜란·정유재란이 끝나기 직전까지 가덕왜성에 병력을 두고 조선 수군으로부터 경상도의 바닷길을 방어했다.

가덕왜성은 북쪽에서 남쪽으로 길게 늘어선 모양새로 북쪽으로는 부산~남해안의 바닷길을 감시할 수 있고, 남쪽으로는 눌차만을 관측할 수 있다. 현재는 해안을 매립하고 부산신항만이 들어서 있으며, 다리를 통해 육지와 연결돼 있어 가덕수로를 이용한 부산~남해안의 바닷길은 막힌 상태이다.

가덕왜성 주곽은 해발 70m 높이의 구릉 꼭대기에 자리 잡고 있다. 주곽을 중심으로 남북쪽으로 여러 개의 곽을 배치하고 겹겹이 성벽으로 에워싼 구조이다. 높이 1~3m에 60~70도로 비스듬하게 쌓인 왜성 성벽은 가덕왜성 주곽에서 확인된다. 가덕왜성 터는 대부분 개인 소유 땅이라서 밭들이 촘촘히 들어서 있다. 주곽 터에는 분재용 소나무들이 심어져 있다.

한국문물연구원은 2008년 7월 거가대교를 건설할 때 가덕왜성 북쪽 터를 발굴조사해 왜성 방어시설인 수직해자를 발견했다. 또 일본 무사들이 머리카락을 정리할 때 사용한 유물, 조선 기와 조각 등을 출토했다. 가덕왜성 북쪽 터는 거가대교를 건설하면서 사라진 상태이다.

〈한겨레〉, 새로운 성벽을 발견하다

1961년 부산대 한일문화연구소가 발간한 『경남의 왜성지』에는 부산 강서구 가덕도 북쪽 끝 해발 155.7m 갈마봉 꼭대기를 중심으로 북쪽 사면을 타원형 모양으로 둘러싼 길이 350여m 규모의 성이 가덕왜성의 본성이라고 적혀 있다. 가덕도 북동쪽의 눌차도에 있는 성은 가덕왜성의 지성이라는 것이다.

하지만 현재 고고학계는 추가 조사를 통해 눌차도의 왜성을 본성으로, 갈마봉 꼭대기에 있는 성을 지성으로 바꿔서 분류하고 있다. 또한 학계는 갈마봉 꼭대기에 있는 지성의 경우 왜군이 임진왜란 때 처음 쌓은 성이 아니라 고려시대 때부터 있었던 우리 성을 임진왜란 때 왜군이 점령해 수리해서 자신들의 성으로 사용했던 것으로 보고 있다. 갈마봉 꼭대기에 있는 성의 축성 방식이 고려 의종 때 쌓은 것으로 알려진 경남 거제도 둔덕기성과 비슷하고, 고려 충렬왕 5년(1279년) 가덕도에 군사를 파견했다는 『고려사』의 기록이 남아 있기 때문이다.

가덕도 북쪽 끝 갈마봉에서 지금까지 전혀 알려지지 않은 길이 750여m의 성벽 유적이 〈한겨레〉 취재팀에 의해 발견됐다. 관련 학계는 왜군이 이 성을 수리해 사용했던 것으로 추정하고 있다. 사진은 발견된 성벽 유적의 일부.

역사의 블랙박스, 왜성 재발견

2015년 10월 18일 〈한겨레〉 '역사의 블랙박스 왜성 재발견' 시리즈 취재팀은 갈마봉 꼭대기의 성을 현장취재하는 과정에서 학계에 전혀 알려지지 않은 새로운 성벽을 발견했다. 이 성벽 유적은 지금까지 학계가 보고한 어떤 자료에도 나오지 않는다.

　　취재팀이 새로 발견한 성벽 유적은 갈마봉 꼭대기에 있는 성벽 서쪽 끝에서 북서쪽 아래쪽으로 내려온 뒤 다시 동쪽으로 뻗어나가다 남쪽으로 꺾어져 기존 성벽과 이어지는 모양새이다. 새로 발견된 성벽 유적은 총길이 750여m, 높이 2~3m, 너비 3m가량이다. 성벽은 직사각형 돌로 옆줄을 맞춰 쌓은 형태였다. 흙과 돌을 섞어 만든 구간도 있었다. 이는 비스듬히 쌓은 왜성 축성 방식이 아니라, 전형적인 우리 전통 성벽 축성 방식이다.

　　왜군이 임진왜란 때 이 성을 사용한 흔적도 추가로 발견됐다. 새로 발견된 성벽 유적의 동쪽에선 왜군이 병사를 배치해 성을 방어했던 공간인 '곡륜' 또는 '곽'으로 보이는 흔적이 2~3곳에서 확인됐고, 우리나라의 성벽 돌과 달리 왜성에서 나타나는 큰 돌로 쌓아진 성벽도 발견됐다. 일부 성벽 유적 구간에선 왜성에서 볼 수 있는 성벽의 뒤채움 돌이 무더기로 흩어져 있었다.

　　관련 학계는 취재팀이 발견한 새로 발견한 성벽 유적에 대한 정밀 조사를 진행하고 있다.

가덕왜성 : 부산 강서구 눌차동 635 일대

가덕왜성 지성 : 부산 강서구 성북동 산 51 일대

주변 관광지 : 가덕도 등대, 가덕도 외양포마을, 부산신항만, 거가대교, 을숙도 등

역사의 블랙박스, 왜성 재발견

9

조선 수군에게
함부로 싸움을 걸지 말라

거제 영등포 · 송진포 · 장문포 · 견내량 왜성

거제 견내량왜성 상공에서 내려다본 견내량해협. 1592년 7월 8일 조선
수군은 이곳에 집결해 있던 왜 수군을 한산도 앞바다로 유인해 격파했다.
임진왜란 3대첩의 하나인 한산대첩의 결과로 조선 수군은 남해안
제해권을 장악했고, 왜군은 거제도에 성을 쌓고 수비에 치중하게 됐다.

역사의 블랙박스, 왜성 재발견

9. 조선 수군에게
함부로 싸움을 걸지 말라

거제 영등포·송진포·장문포·견내량 왜성

"조선 수군과의 싸움을 피하고, 거제도에 성을 쌓아 지키기만 하라."

1592년 7월 한산도(경남 통영시 한산면) 앞바다에서 조선 수군에게 대패했다는 보고를 받은 도요토미 히데요시는 격노하여, 도도 다카토라(藤堂高虎)를 왜 수군 장수 와키자카 야스하루(脇坂安治), 구키 요시타카(九鬼嘉隆), 가토 요시아키 등에게 보내 이렇게 명령했다. 도요토미 히데요시는 명령서(주인장)에서 "내년 봄 내가 조선에 건너가 직접 조선군을 격파할 것이니 그때까지 해전을 중지하고 거제도에 성을 쌓아 주둔하라. 조선 수군이 공격하면 지역 상황을 검토해 신중히 대처하고, 조선 수군에 먼저 전투를 걸지 말라"고 지시했다.

서해를 거쳐 북상하려던 왜 수군 전략이 한산대첩을 계기로 완전히 바뀐 것이다. 반면 이순신 장군이 이끄는 조선 수군은 여세를 몰아 왜군의 본거지인 부산포까지 공격했고, 남해안 제해권을 장악해 왜군의 해상 보급로를 차단했다.

포르투갈 예수회 소속 선교사로 당시 일본에서 활동하던 루이스 프로이스(Luis Frois) 신부는 『일본사』에서 "절망적인 상태에 있던 조선 병사들이 단결하고 연합해 수많은 선박을 동원하기 시작했다. 그 배들은 견고하고 장대했으며 화약과 탄약, 군수품이 대단히 잘 갖춰져 있었다. 그들은 일본인들을 만나면 습격하고 약탈하면서 해적질을 하며 다녔다. 더욱이 조선군은 일본군보다 해전에서 우수해 일본군에게 계속해서 커다란 피해를 주고 다녔다. 일본군은 해전에 대한 지식이 거의 없었으며, 조선군을 공격하기 위한 화기가 부족했으므로 해전에서 항상 최악의 상태가 됐다"고 한산대첩 이후 상황을 소개했다. 철저히 일본 입장에서 쓴 글이지만 조선 수군의 활약상은 명확히 드러난다.

왜군은 도요토미 히데요시의 명령에 따라 거제도 북쪽 영등포 · 송진포 · 장문포 등 3곳에 왜성을 쌓고 수비에 치중했다. 이후 정유재란 때 거제도 서쪽 끝 견내량에 추가로 왜성을 쌓았다.

조선 수군, 남해안 제해권을 장악하다

1592년 5월 7~8일 옥포 · 합포 · 적진포에서 벌인 해전과 5월 29일~6월 7일 사천 · 당포 · 당항포 · 율포에서 벌인 해전 등 임진왜란 발발 이후 조선 수군과의 두 차례 전투에서 모두 패한 왜군은 7월 초 조선 수군을 쳐부수겠다며 수군 정예부대로 총공세에 나섰다.

하늘에서 내려다본 구 영등포진성과 영등포왜성 외성 모습. 바깥으로 둥그스런 선이 구 영등포진성 성벽 윤곽이고, 안쪽의 작은 둥근 선이 영등포왜성 외성의 성벽 윤곽이다. 임진왜란 때 왜군은 영등포진성을 점령해 그 안에 작은 성을 쌓아 영등포왜성의 외성으로 사용했다.

전함은 73척에 이르렀으며, 와키자카 야스하루가 지휘했다.

이순신의 전라좌수군과 이억기의 전라우수군은 왜군 수군이 거제도 서쪽 끝 견내량에 집결했다는 정보를 입수하고 7월 6일 출전했다. 하지만 이순신은 견내량이 좁고 암초가 많아 판옥선 등 함선들을 넓게 펼쳐 전투를 하기 곤란한데다 왜군이 형세가 불리해지면 뭍으로 달아날 가능성이 있다고 판단해, 7월 8일 달아나는 척하며 왜군을 견내량 남쪽 넓은 바다로 유인했다. 조선 수군은 왜 수군 전선들이 한산도 앞바다까지 뒤쫓아오자 갑자기 방향을 돌려 학익진을 펼치며 화포로 공격했다. 이 싸움에서 조선 수군은 왜선 49척을 파괴하고 10척을 노획했다. 이튿날인 9일에는 진해 안골포까지 진출해 왜선 42척을 더 파괴했다.

와키자카 야스하루는 가까스로 살아 김해로 돌아갔으나, 그의 부하장수인 와키자카 사베에(脇坂左兵衛)와 와타나베 시치에몬(渡邊七右衛門)은 전사하고, 마나베 사마노조(眞鍋左馬允)는 사로잡히기 직전 할복했다. 뭍으로 달아난 왜군들은 조선 수군이 완전히 돌아갈 때까지 숨어서 솔잎과 해초를 먹으며 연명했다.

7월 8일부터 10일까지 사흘간에 벌어진 전투에서 조선 수군은 큰 전과를 거두면서 그 결과로 거제도 서쪽 남해안의 제해권을 완전히 장악했다. 이에 자신감을 얻은 조선 수군은 부산포해전과 웅천해전을 잇따라 벌여, 부산을 제외한 남해안 전역의 제해권을 틀어쥐었다.

『조선왕조실록』의 「선조 수정실록」은 한산대첩에 대해 "왜적이 수군을 크게 출동시켜 호남으로 향하자 순신이 이억기와 함께 각기 거느린 군사를 재촉하여 나가다가 견내량에서 적을 만나게 되었는데, 적선이 바다를 뒤덮어 오고 있었다. 원균이 앞서의 승리에 자신하여 곧장 대적하여 격파하려 하자 순신이 말하기를 '이곳은 항구가 좁고 얕아 작전할 수가 없으니 넓은 바다로 유인해내어 격파해야 한다'고 하였다. 그러나 원균이 듣지 않자 순신이 말하기를 '공이 병법을 이처럼 모른단 말인가' 하고 여러 장수들에게 영을 내려 거짓 패하여 물러나는 척하니, 적이 과연 기세를 몰아 추격하였다. 이에 한산도 앞바다에 이르러 군사를 돌려 급히 전투를 개시하니

장문포왜성 성벽 모서리 모습. 장문포왜성은 장목만을 사이에 두고
송진포왜성과 마주보고 있다.

포염이 바다를 뒤덮었고 적선 70여 척을 남김없이 격파하니 피비린
내가 바다에 진동하였다. 또 안골포에서 그들의 구원병을 역습하여
패배시키니 적이 해안으로 올라 도망하였는데 적의 배 40척을 불태
웠다"라고 기록하고 있다.

　고니시 유키나가의 초청으로 1593년 말 진해 웅천왜성에 종군
신부로 왔던 스페인 출신 그레고리오 데 세스페데스(Gregorio de
Cespedes) 신부는 루이스 프로이스 신부에게 보낸 편지에서 한산대
첩을 "관백(도요토미 히데요시)의 두 지휘관은 조선군이 바다에서 일
본군에게 주는 수많은 피해에 대해 보고받고 자신들이 거느린 300

척의 배로 구성된 대군을 보내기로 했다. 이 배들에 수많은 소총과 창, 활, 화살 등 해전에 필요한 모든 무기와 탄약을 적재하고 정예 병사들을 승선시킨 일본군은 자신들이 갖춘 우수한 군사력을 굳게 믿고 훨씬 적은 수의 배를 가지고 있는 조선군을 격파하기 위해 출격했다. 바로 이때만을 기다리고 있던 조선군은 함성을 지르고 기뻐했으며 배로 일본 함대를 향해 공격을 퍼부었다. 그들의 배는 장대하고 튼튼했기 때문에 일본 배를 장악하며 우위를 차지했다. 조선군은 화약으로 공격하면서 괴롭혀 일본군에게 대단히 애를 먹게 했다. 결국 일본 병사들은 목숨을 구하기 위해 앞뒤 생각도 하지 않고 바다로 몸을 던졌다. 조선군은 일본군이 노를 저어서 도망가지 못하도록 튼튼하게 생긴 갈고리가 달린 쇠사슬을 위에서 떨어뜨리면서 포위했다. 해전이 몇 시간 동안 계속되면서 일본군의 기력은 이미 많이 약해졌고 전황은 점점 일본군에게 불리해졌다. 이 해전에서 관백의 총애를 받던 매우 용감한 장수 한 명이 전사했다. 또 다른 장수는 패배하자 뾰족한 수가 없음을 깨닫고 조선군에게 사로잡히기 전에 할복했다. 이 해전에서 조선군은 70척에 이르는 일본 함대를 물리쳤으며 일본 병사 대부분을 죽였다. 살아남은 일본군들은 목숨을 다해 도망쳤다"고 소개했다.

이순신은 1593년 7월 15일 전라좌수영을 여수에서 적의 코앞인 한산도로 옮겼다. 이순신은 "왜선들이 전라도로 침범하려면 반드시 한산도 앞바다를 지나가야 하기 때문에 편히 있다가 피로한 적을 기다려 먼저 선봉을 깨뜨릴 수 있는 요지"라고 판단했다. 한산도에 전라좌수영을 설치하고 한 달 뒤인 8월 15일 선조는 이순신을 삼도 수군통제사로 임명했다.

영등포왜성 성벽 모서리 모습. 영등포왜성은 1592년 7월 한산대첩 직후 쌓은 거제도 첫 왜성이다.

왜군, 조선 수군을 피하려고 성을 쌓다

임진왜란 초기 도요토미 히데요시는 남해안의 최전방이었던 거제도를 후쿠시마 마사노리(福島正則), 하치스카 이에마사(蜂須賀家政), 이코마 지카마사(生駒親正), 조소카베 모토치카(長宗我部元親), 도다 가쓰타카(戶田勝隆), 구루시마 미치유키(來島通之)와 구루시마 미치후사(來島通總) 형제 등 시코쿠(四國) 출신들에게 맡겼다. 이들은 후쿠시마 마사노리를 사령관으로 하는 왜군 제5군으로 편성돼 조선으로 건너왔다. 시코쿠는 일본 본토를 구성하는 4개 섬 가운데 가장 작은 섬으로, 아와국·사누키국·이요국·도사국 등 4개 국으로 이뤄져 있었다. 오늘날에는 도쿠시마현·가가와현·에히메현·고치현 등 4개의 현으로 구성돼 있다.

이후 제4군에 편성돼 출전한 시마즈 요시히로(島津義弘)와 시마즈 히사야스(島津久保) 부자도 거제도 주둔군으로 합류했다. 도요토미 히데요시의 조카이자 양아들이었던 도요토미 히데카쓰(豊臣秀勝)도 왜군 제9군 사령관으로 출전해 거제도 주둔군에 합류했다. 도요토미 히데요시는 임진왜란 발발 직후인 1592년 음력 5월 18일 자신의 양아들이자 후계자였던 도요토미 히데쓰구(豊臣秀次)에게 보낸 편지에서 조선과 명나라를 정벌한 뒤 조선의 왕으로 도요토미 히데카쓰를 임명할 것이라고 밝혔다. 따라서 조선에 건너온 왜군 장수 가운데 도요토미 히데카쓰는 가장 중요한 인물이라고 할 수 있는데, 왜군은 거제도를 군사적으로 그만큼 중요한 곳으로 판단했다는 것이다.

왜군은 한산대첩에서 패한 직후 거제도 북쪽에 영등포왜성을 시작으로 송진포왜성, 장문포왜성 등 3개의 왜성을 쌓았다. 이후 정유재란 때 거제도 서쪽 끝에 견내량왜성을 추가로 쌓았다. 이로써 거제도에는 모두 4개의 왜성이 축성됐다. 1595년 2월 접반관 자격으로 명나라 유격장 진운홍을 수행해 고니시 유키나가의 웅천왜성을 다녀온 이시발은 후쿠시마 마사노리, 시마즈 요시히로, 하치스카 이에마사를 거제도 3개 왜성의 성주라고 조정에 보고했다.

하지만 거제도에 주둔했던 왜장 가운데 구루시마 미치유키는 1592년 음력 6월 2일 당포해전에서 이순신 장군이 이끄는 조선 수

역사의 블랙박스, 왜성 재발견

군과 전투 도중 전사했고, 그의 동생인 구루시마 미치후사 역시 1597년 음력 9월 16일 이순신 장군이 이끄는 조선 수군과 벌인 명량해전에서 전사했다. 시마즈 요시히로의 아들 시마즈 히사야스는 1593년 음력 9월 8일 거제도에서 병사했고, 도다 가쓰타카는 1594년 일본으로 철수하던 도중 병으로 숨졌다. 조선 왕으로 임명될 예정이던 도요토미 히데카쓰는 1592년 10월 14일 거제도에서 병사함으로써, 도요토미 가문의 몰락을 예고했다.

영등포왜성은 거제도 북쪽 끝 구영마을 뒤 해발 257.7m 대봉산 꼭대기에 있다. 거제도 4개 왜성 가운데 가장 북쪽에 있으며 장문포 왜성과 송진포왜성에서 북동쪽으로 3km가량 떨어져 있다. 바다 건너 북쪽으로 웅천왜성, 안골포왜성, 명동왜성 등과 마주보고 있다. 지금은 숲에 둘러싸여 바다가 거의 보이지 않으나, 임진왜란 당시에는 진해 앞바다는 물론 낙동강 하구까지 한눈에 볼 수 있었다.

영등포왜성은 본성과 2개의 외성으로 이뤄져 있는데, 본성은 좁지만 길게 뻗은 산등성이의 지형을 그대로 활용해 건설됐다. 현재 본성 안에 송신탑이 세워져 있으며, 송신탑을 설치하기 위해 임도를 건설하는 과정에 성벽 일부가 파괴됐다. 해안가 구영마을에 있는 외성은 구 영등포진성 안에 자리 잡고 있다. 구 영등포진성은 1490년(성종 21년)에 왜구의 침입에 대비해 축조된 조선 수군 진지이다. 둥근 형태로 성벽 길이는 320여m였다. 하지만 왜군은 구 영등포진성을 함락한 뒤 그 안에 새로운 성을 쌓아 주둔하면서, 구 영등포진성의 성벽을 방어벽으로 활용했다. 구 영등포진성은 경남도 기념물 제205호 구 영등성으로 지정돼 있다.

송진포왜성은 거제시 장목면 장목리의 해발 90m 증산 꼭대기에

송진포왜성 성벽. 사진 오른쪽과 왼쪽 성벽돌이 확연히 다르다. 애초
비스듬하게 성벽을 쌓았으나 왼쪽에 돌을 덧대 성을 확장했다는 것을
알 수 있다.

있다. 증산에 있기 때문에 증산왜성 또는 시루성이라고도 불린다.
직선 최단거리로는 200m에 불과한 장목만을 사이에 두고 남쪽으
로 장문포왜성과 마주 보고 있다.

본성을 가운데 두고 산과 해안에 외성이 하나씩 있다. 현재 본성
과 산 쪽 외성 사이에는 궁도장인 금무정과 도로가 건설돼 두 성을
단절시키고 있다. 바다 쪽 외성 인근 해안에는 밀물 때는 물이 들어
찼다 썰물 때는 육지로 변하는 곳에 바위섬이 있는데, 왜군들이 이
바위섬을 깨어 성벽돌을 조달한 것으로 알려져 있다. 지금도 이 바

위섬 곳곳엔 돌을 깬 흔적이 뚜렷이 남아 있다.

장문포왜성 역시 거제시 장목면 장목리의 북쪽으로 튀어나온 해발 107m 야산 꼭대기에 있다. 장목만을 사이에 두고 북쪽으로 송진포왜성과 마주 보고 있다. 산 꼭대기에 본성을 두고, 바다 쪽에 외성을 뒀다. 천수각은 본성과 외성 모두에 있었던 것으로 추정된다. 천수각 터 주변에는 지금도 조선기와 조각이 쉽게 발견된다. 현재 남아 있는 성벽 길이는 700여m에 불과하지만, 성벽 모서리는 허물어지지 않고 잘 남아 있다.

이순신 장군의 『난중일기』에는 1594년 9월 29일 장문포 앞바다에 돌입했으나, 왜적이 깊이 숨어 나오지 않았고 양쪽 봉우리에는 누각을 높게 세운 성곽이 있었다고 기록돼 있다. 조선은 임진왜란이 끝난 뒤 이곳에 장목진을 설치해 왜구 침략에 대비했다. 현재 경남도 문화재자료 273호로 지정돼 있다.

거제도 북쪽에 있는 3개 왜성과 달리 견내량왜성은 거제도 서쪽 끝 견내량해협 근처에 있다. 또한 산꼭대기에 있는 다른 왜성과 달리 거의 평지에 가까운 구릉에 자리 잡고 있다. 1597년 정유재란 때 세워졌는데, 누가 세웠는지는 명확하지 않다.

이곳은 폭 450~500m의 견내량해협을 사이에 두고 거제도에서 육지인 통영과 가장 가까운 곳으로 교통 요지이다. 견내량에서 남쪽으로 6km가량만 내려가면 조선 수군 기지인 전라좌수영이 있던 한산도이다. 따라서 1597년 음력 7월 15일 칠천량해전에서 조선 수군을 사실상 괴멸시키면서 남해안 제해권을 빼앗은 왜군이 견내량해협을 통과하는 조선 수군을 경계하기 위해 세운 것으로 추정된다. 광리마을과 인접해 광리왜성으로도 불린다.

하늘에서 내려다본 견내량왜성. 성벽돌이 대부분 없어지고 성터는
밭으로 바뀌었지만 해자(사진 가운데 풀숲) 등 왜성의 윤곽이 온전히
남아 있는 것을 알 수 있다.

견내량왜성에 인접한 바닷가에는 돌을 바닥에 박아 길이 20m 폭
4m가량 크기의 사각형 형태로 만든 선착장으로 추정되는 시설이
남아 있다. 현재 해자 등 성의 윤곽은 뚜렷이 남아 있으나 성벽에
사용됐던 돌은 거의 발견되지 않는다. 평지에 있는데다 마을에 가
까워, 집을 짓는 등 임진왜란 이후 여러 곳에서 성벽돌을 빼간 것으
로 추정된다. 성곽 안 부분은 밭과 과수원으로 사용되고 있다. 북쪽
에는 견내량해협을 가로질러 거제와 통영을 연결하는 거제대교, 신
거제대교가 잇따라 건설돼 있다.

역사의 블랙박스, 왜성 재발견

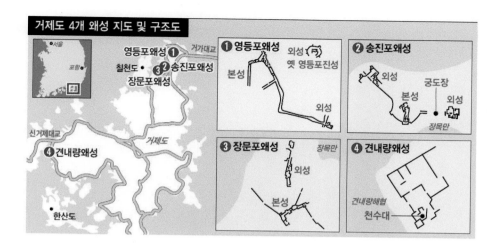

영등포왜성 : 경남 거제시 장목면 구영리 산 29-2
송진포왜성 : 경남 거제시 장목면 장목리 산 6-3
장문포왜성 : 경남 거제시 장목면 장목리 산 130-43
견내량왜성 : 경남 거제시 사등면 덕호리 267
주변 관광지 : 거가대교, 농소몽돌해수욕장, 김영삼 전 대통령 생가 등

10
조선 수군,
남해 바다를 빼앗기다

마산 · 고성 · 남해 왜성

마산왜성이 있었던 경남 창원시 마산합포구 산호동 산호공원 전경.
아래쪽 파란색 지붕 건물이 있는 곳이 왜군 장수의 지휘소인 천수각
터이다. 파란색 지붕 건물은 6·25전쟁 전몰군경의 위패를 모신
위령각으로, 왜성 천수각 터에 어울리지 않는다. 나무가 없는 직사각형
터는 마산왜성 제2곽이 있던 곳이다. 멀리 마산 앞바다가 살짝 보인다.

역사의 블랙박스, 왜성 재발견

10. 조선 수군,
남해 바다를 빼앗기다

마산·고성·남해 왜성

경남 통영시 광도면 황리 춘원마을에 가면 나지막한 언덕 아래 소나무 숲에서 오래된 무덤 하나를 볼 수 있다. 이곳에서 옛 해안선까지는 900m가량 떨어져 있다. 비석이 없어 누구의 무덤인지 알 수 없지만, 이 마을 사람들은 '머리 없는 무덤'이라고 부르며, 임진왜란 때 전사한 삼도수군통제사 원균의 무덤이라 믿고 있다.

『조선왕조실록』의 「선조 실록」을 보면, 조선 수군이 왜군에게 패한 칠천량해전에 참가한 선전관 김식은 "한편으로 싸우면서 한편으로 후퇴하였으나 도저히 대적할 수 없어 고성 지역 추원포로 후퇴했는데, 적세가 하늘을 찌를 듯하여 마침내 우리 전선은 모두 불에 타서 침몰했고 제장과 군졸들도 불에 타거나 물에 빠져 모두 죽었습니다. 신은 통제사 원균, 순천부사 우치적과 간신히 탈출해 상륙했는데, 원균은 늙어서 걷지 못하여 맨몸으로 칼을 잡고 소나무

밑에 앉아 있었습니다. 신이 달아나면서 돌아보니 왜군 6~7명이 칼을 휘두르며 원균에게 달려들었는데 그 뒤로 원균의 생사를 자세히 알 수 없었습니다"라고 칠천량해전 결과와 원균의 최후를 조정에 이렇게 보고했다.

정해룡 『고성군지』 상근집필위원은 "춘원마을의 조선시대 이름은 춘원포였는데, 『조선왕조실록』은 이를 '추원포'로 잘못 기록한 것으로 보인다. 춘원마을은 조선시대 때 고성현에 속했다가, 1900년 고성에서 분리됐고, 일제강점기인 1914년 통영군이 생길 때 통영에 편입됐다"고 말했다. 춘원마을 이장은 "원균 장군 무덤이 우리 마을에 있다고 전해 내려오는데, 정확히 어딘지는 모른다. 가끔씩 사람들이 찾아와 여기저기 풀숲을 뒤지면서 조금 불룩하게 솟아오른 것만 봐도 '여기가 원균 장군 무덤이 아니겠느냐'고들 한다"고 말했다.

'원균 장군 기념사업회' 관계자는 "원균 장군 무덤은 그의 고향인 경기도 평택에 있는데, 이 무덤은 가묘다. 춘원마을에 원균 장군의 진짜 무덤이 있다고 하는데, 확인된 것은 아니다. 원균 장군의 진짜 무덤을 찾는 것은 앞으로 풀어야 할 숙제"라고 말했다.

이순신에 이어 1597년 2월 삼도수군통제사에 오른 원균은 그해 7월 중순 조선 수군 전병력을 이끌고 왜군 본거지인 부산을 치러 출전했다. 하지만 왜군의 기습에 휘말려 거제도 북서쪽 칠천량까지 후퇴했다가 사실상 궤멸되는 수준의 처절한 패배를 당한다. 칠천량해전 패전으로 원균 등 9000여 명의 조선 수군이 전사했고, 1592년 7월 한산대첩 이후 조선 수군이 쥐고 있던 남해안 제해권은 5년 만에 왜군 수군에게로 넘어갔다.

경남 통영시 광도면 황리 츄원마을에 있는 무덤. 임진왜란 때 전사한 원균 장군의 주검을 마을사람들이 수습해 만든 것이라는 말이 전해 내려온다.

남해안 제해권을 확보한 왜군은 전라도와 충청도로 밀고 들어가며, 조·명 연합군의 공격을 막으면서 동시에 본거지인 부산과의 연결망을 확보하기 위해 마산·고성·남해·진주·사천·순천 등에 잇따라 성을 쌓았다. 막강한 조선 수군 때문에 발을 딛지 못했던 전라도에 들어갈 교두보를 확보한 것이다.

경남 거제도에서 바라본 칠천량 바다. 바다 건너 보이는 섬이 칠천도이다.
1597년 7월 조선 수군은 이곳에서 처절한 패배를 당하면서 일본 수군에
남해안 제해권을 빼앗겼다.

　　　　　　　　　역사의 블랙박스, 왜성 재발견

조선 수군, 남해안 제해권을 빼앗기다

"전라도를 철저히 섬멸하고, 충청·경기도와 이외 지역은 가능하면 공격하라. 작전이 완료되면 점령지에 성을 쌓고 성주를 정하라."

도요토미 히데요시는 1597년 조선을 다시 침략하며 장수들에게 이렇게 명령했다.

전라도를 주요 공격목표로 삼은 이유는 1592년 침략 당시 전라도 공략에 실패하는 바람에 결국 조선을 정복하지 못했다고 판단했기 때문이다. 왜군은 전라도를 섬멸하기 위해서는 조선 수군이 틀어쥐고 있는 남해안 제해권을 빼앗아야 한다는 것을 잘 알고 있었다. 이를 위해 반드시 필요한 것은 삼도수군통제사인 이순신을 제거하는 것이었다.

왜군이 사용한 전술은 이순신에 대한 선조와 조선 조정의 불신을 부추기는 '이간질'이었다. 1597년 1월 11일 고니시 유키나가는 부산의 일본군 진영에 협상차 가 있던 경상우병사 김응서에게 통역관 요시라(要時羅)를 보내 "청정(가토 기요마사)이 7000명의 군사를 거느리고 4일에 이미 대마도에 도착하였는데 순풍이 불면 곧 바다를 건넌다고 한다"라고 정보를 흘렸다. 『조선왕조실록』의 「선조 수정실록」은 요시라가 이보다 더 상세하게 "모월 모일에 가등청정이 어느 섬에서 잘 것이니, 귀국에서 만약 수군을 시켜 몰래 잠복해 있다가 엄습하면 결박할 수가 있을 것이다"라고 알려줬다고 기록하고 있다.

고니시 유키나가와 가토 기요마사가 정적 관계라는 것은 조선에서도 널리 알려져 있었다. 조선 조정은 이순신에게 즉각 출동하라고 명령했다. 하지만 왜군의 유인책이라는 것을 간파한 이순신은 "바닷길이 험난하고 왜적이 필시 복병을 설치하고 기다릴 것이다. 전함이 많이 출동하면 적이 알게 될 것이고, 적게 출동하면 도리어 습격을 받을 것이다"라며 출동하지 않았다.

1월 23일 선조는 가토 기요마사가 이미 부산 다대포에 도착했다는 보고를 받는다. 선조는 명령에 따르지 않은 이순신에게 격노했고, 조선 조정은 1월 23일, 27일, 28일 잇따라 어전회의를 열어, 28일 원균을 경상우수사 겸 경상도통제사로 임명했다. 선조는 "통제사 이순신은 국가의 중임을 맡고도 오히려 조정을 속이고 적을 토벌하지 않아 가등(가토 기요마사)으로 하여금 편안히 바다를 건너게 하여 마침내 용서받지 못하고 잡혀 와 국문을 당하게 되었다. 그러나 지금은 적과 대진하고 있는 때이므로 공을 세워 죄를 갚도록 하라. 평소에 경(원균)의 충용을 알고 있는바, 이번에 경을 경상우도수사 겸 경상도통제사로 삼으니 경은 더욱 분발하여 나라를 위해 힘쓰고, 이순신과 협심하여 전날의 감정을 풀고 왜적을 섬멸하라"고 했다.

하지만 이순신을 벌하라는 상소가 계속 올라오자, 선조는 2월 6일 이순신을 잡아 오라고 명령했다. 이순신은 2월 26일 한산도에서 체포돼, 3월 4일 한양에서 하옥됐다. 원균은 이순신의 후임 삼도수군통제사에 임명됐다. 이순신은 4월 1일 풀려나 도원수 권율 휘하에서 백의종군하라는 명을 받았다.

도요토미 히데요시는 1597년 1월 정유재란을 일으키며 수군 7200명 등 12만 1100명의 군사를 조선에 출병시켰다. 당시 울산 서생포왜성, 부산 증산왜성·죽도왜성·가덕왜성, 진해 안골왜성 등

역사의 블랙박스, 왜성 재발견

남해안 5개 왜성에 주둔해 있던 병력 2만여 명까지 합하면 왜군의 규모는 14만 1500명에 이르렀다. 1592년 임진왜란 때는 고니시 유키나가가 선봉장이고 가토 기요마사는 2군 사령관이었으나, 정유재란 때는 바뀌어 가토 기요마사가 선봉장, 고니시 유키나가가 2군 사령관을 맡았다.

선봉장인 가토 기요마사는 1597년 1월 14일 전함 130척에 1만 명의 병력을 이끌고 부산 다대포에 상륙해, 양산을 거쳐 울산 서생포에 자리를 잡았다. 이어 고니시 유키나가의 2군이 상륙해 진해 웅천으로 들어갔다. 나머지 병력은 7월 초 조선으로 건너왔다. 7월에 이르러 부산에 정박한 왜군 전함은 600여 척에 이르렀다.

조선 조정은 원균에게도 이순신에게 했던 것처럼 왜군의 부산 본진을 공격하라고 압박했다. 하지만 원균은 진해 안골포, 부산 가덕도 등에 주둔한 왜군을 먼저 섬멸해 후방을 든든하게 한 뒤에 부산을 공격해야 한다며 이를 위해서는 육군과 수군이 합동작전을 펼쳐야 한다고 거듭 주장했다.

원균은 3월 29일 선조에게 올린 상소에서 "가덕도 · 안골포 · 죽도 · 부산을 드나드는 적들의 거리가 서로 가까워 성세는 서로 기대고 있는 것 같으나, 그 수가 수만에 불과하니 병력도 외로운 듯하고 형세도 약합니다. 그중 안골포 · 가덕도 두 곳의 적은 3000~4000명도 되지 않으니 형세가 매우 고단합니다. 만약 육군이 몰아친다면 주사의 섬멸은 대쪽을 쪼개듯 쉬울 것이요, 그 뒤로 우리 군사가 전진하여 장수포 등에 진을 친다면 조금도 뒤를 돌아볼 염려가 없게 됩니다. 어리석은 신하의 망령된 생각에는 우리 군병이 그 수가 매우 많아서 노쇠한 자를 제하고 정병을 추리더라도 30여만 명은 될

마산왜성 천수각 부분의 성벽. 천수각 터에는 현재 6·25전쟁 전몰군경을
기리는 충혼탑과 위령각이 들어서 있다.

수 있습니다. 지금은 늦봄인데다 날씨가 가물어서 땅이 단단하니
말을 달리며 작전을 할 때는 바로 이때입니다. 반드시 4~5월 사이
에 수륙 양군을 대대적으로 출동시켜 한번 승부를 겨루어야 합니
다. 만약 시일을 지연시키다가 7~8월께 비가 개지 않아 토지가 질
척거리면 기병이나 보병이나 다 불편할 것이니 이때는 육전도 되지
않을 듯합니다. 하물며 가을이 다 지나고 난 뒤에는 바람이 점점 세
지고 파도가 하늘에 닿을 듯 높아질 것이니 배를 부리기가 매우 어
렵습니다. 이때는 수전이 되지 않을 것입니다. 신이 이른바 4~5월에
거사하자는 것도 이를 염려하여서입니다. 또한 행장(고니시 유키나
가)·요시라 등은 거짓으로 통화하는 것이므로 그 실상을 알 수 없

역사의 블랙박스, 왜성 재발견

습니다. 때를 타고 함께 공격하여 남김없이 섬멸한다면 일분의 수
치나마 씻을 수 있겠습니다. 조정에서 속히 선처하소서"라고 했다.

그러나 조선 조정은 원균의 수륙 합동작전 건의를 받아들이지
않고 수군만으로 먼저 공격하라고 지시했다. 도원수 권율은 7월 11
일 수군 단독작전에 미온적 태도를 보이는 원균을 곤장까지 때리며
출전하라고 다그쳤다. 원균은 "이미 장마가 시작되어 출항이 용이
하지 않으니, 장마가 그치면 출전하겠다"고 했으나, 그의 의견은 받
아들여지지 않았다.

결국 원균은 7월 12일 또는 13일 휘하의 모든 수군을 이끌고 삼
도수군통제영인 한산도를 출발해 7월 14일 부산 영도 인근에 도착
했다. 이미 조선 수군의 동향을 꿰뚫고 있던 왜군은 맞대응을 피하
며 회피 전술을 펼쳐 조선 수군을 지치게 만들었다. 때마침 거센 풍
랑까지 일었다. 조선 수군은 해질 무렵 가덕도 앞바다로 물러나 땔
나무와 물을 구하러 섬에 상륙했다가 매복해 있던 왜군 육군에게
기습을 당했다. 급히 거제도로 후퇴해 거제도 북쪽 영등포에 상륙
하려 했으나, 이곳에서도 왜군 육군에게 기습을 당했다. 왜군은 조
선 수군을 궤멸시키기 위해 육군과 수군이 합동해 중요지점마다 대
비하고 있었던 것이다. 결국 조선 수군은 부산에서 거제도까지 후
퇴하는 과정에 400여 명의 병력을 잃었다.

이튿날은 비가 내리면서 기상 상태가 더욱 나빠졌다. 조선 수군
은 15일 오후 거제도 북서쪽 칠천량으로 이동했다. 칠천량은 거제
도와 칠천도 사이 좁은 바다로 비바람을 피할 수 있는 곳이었다.

하지만 도도 다카토라(藤堂高虎)와 와키자카 야스하루(脇坂安治)
가 지휘하는 왜군 수군은 이날 밤부터 조선 수군을 포위하기 시작

해 16일 새벽 총공격을 펼쳤다. 가토 요시아키, 도도 다카토라, 와키자카 야스하루 등 왜군 장수들은 경쟁하듯 전장을 누비며 조선 수군의 함선을 파괴했다. 시마즈 요시히로(島津義弘)와 시마즈 다다쓰네(島津忠恒) 부자는 병사 3000명을 칠천도 해안에 미리 배치해 조선 수군의 상륙을 막았다.

결국 조선 수군은 칠천도 앞바다에서 160여 척의 전함을 잃으면서 사실상 궤멸했다. 일부 조선 수군은 동쪽 진해만과 남쪽 한산도 등 두 방향으로 달아났다. 이 가운데 진해만 쪽으로 달아난 조선 수군은 뒤쫓아온 왜군 수군에게 섬멸됐다. 원균도 왜군에게 쫓기다 고성 춘원포에 상륙해서 전사했다. 한산도 쪽으로 달아난 경상우수사 배설은 한산도의 삼도수군통제영을 불사르고, 전함 12척을 수습해 전라도로 대피했다.

칠천량해전을 계기로 남해안 제해권은 조선 수군에서 왜군 수군으로 완전히 넘어갔다. 유성룡은 『징비록』에서 "한산도가 격파되자 왜군은 거침없이 서쪽을 향해 쳐들어가니 남해, 순천이 차례로 함락됐다. 왜군은 두치진에 이른 다음 육지로 올라 남원을 포위했다. 이렇게 되자 호남 호서 지방이 모두 전란에 휩싸이게 됐다"고 칠천량해전 직후 상황을 설명했다. 칠천량해전의 승전으로 기세가 오른 왜군은 육군과 수군 동시에 전라도로 진입해 8월 16일엔 전북 남원의 남원성을 함락시켰다. 7월 22일 칠천량해전에서의 패전 소식을 접한 조선 조정은 백의종군하고 있던 이순신을 복직시켜 위기를 수습하도록 했다.

칠천량해전 소식을 들은 이순신은 『난중일기』에서 "생각할수록 분하여 간담이 찢어지는 것만 같다"고 심정을 밝혔다.

마산왜성 천수각 터에 들어서 있는 6·25전쟁 전몰군경을 기리는
충혼탑과 위령각

왜군, 전라도로 가는 길목에 성을 쌓다

왜군은 칠천량해전 직후 전라도로 쳐들어가며 부산에서 전라도로 가는 길목인 마산, 고성, 남해에 잇따라 성을 쌓았다.

마산왜성은 마산만을 향해 길게 뻗은 용마산의 끝부분 독립된 구릉에 세워졌다. 1958년 옛 마산시가 펴낸 『시세일람』에는 마산왜성이 "임진왜란 때 왜장 다테 마사무네(伊達政宗)가 축성을 하다 미완성 상태로 두고 회군한 것을, 정유재란 때 창원 방면에 주둔한 나베시마 나오시게(鍋島直茂)와 나베시마 가쓰시게(鍋島勝茂) 부자가 절도사 영지인 환구산과 신병영의 합성에서 석재를 가져와 완성한 성"이라고 소개돼 있다.

성벽 둘레는 280m에 이르렀다. 용마산 꼭대기에 있기 때문에 용마왜성이라고도 불린다. 일제강점기인 1936년 조선총독부는 마산왜성을 고적(마산일본성)으로 지정해 관리했다. 고적으로 지정된 면적은 주변지역까지 포함해 8만 8945m²에 이르렀다.

창원시(옛 마산시)는 1994년 이곳을 산호공원으로 지정해 관리하고 있다. 그런데 왜군 장수의 지휘소였던 마산왜성 천수각 자리에는 1965년 5월 25일 충혼탑과 위령각이 세워졌다. 6·25전쟁에 참전했다 전사했으나 주검을 찾지 못한 마산 출신 전몰군경 2039명을 추모하는 시설이라는데, 정작 현장에는 누구를 추모하는 시설인지 아무런 설명이나 안내가 되어 있지 않다.

충혼탑엔 "여기 양지바른 남쪽 바다를 굽어보며 향토의 영령들 잠들다. 꽃다운 목숨 조국의 하늘에 바치고 이제는 우리 모두의 가슴속에 조용히 쉬도다. 이 탑은 당신의 피어린 충혼을 새긴 우리의 마음, 세세연년 자손만대에 길이 전할 높푸른 얼이 이 속에 살다"라는 누구를 추모하는 것인지 애매한 문구가 적혀 있다. 해마다 현충일이면 이곳에서 추모행사가 열린다.

이옥정 전몰군경유족회 마산지회장은 "1965년 당시 박정희 대통령이 직접 헬리콥터를 타고 와서 둘러보고는 '바다가 훤히 내려다보이고 좋다'며 이곳에 충혼탑과 위령각을 세우라고 지시한 것으로 안다"고 말했다.

고성왜성은 1597년 10월 23일 도요토미 히데요시의 명령에 따라

경남 고성군 고성읍 수남리 마을에 파묻힌 고성왜성 모습. 사진을 가로지르는 풀숲 등 풀과 나무로 가려진 부분이 고성왜성 성벽이다. 다닥다닥 붙은 집들에 가려 땅에서는 분간하기 어렵지만, 하늘에서 보면 고성왜성의 성벽 윤곽이 뚜렷이 드러난다.

깃카와 히로이에(吉川廣家), 가쓰라 모토쓰나(桂元綱)가 고성읍성 남부 구릉에 세운 것이다. 이 성엔 고바야카와 히데카네(小早川秀包), 다치바나 무네토라(立花總虎), 다치바나 나오쓰구(立花直次), 쓰쿠시 히로카도(筑紫廣門) 등 1592년 임진왜란 발발 당시 왜군 제7군에 편성돼 조선에 쳐들어왔다가 휴전기에도 일본으로 돌아가지 못하고 왜성을 지키며 조선에 남아 있었던 장수들이 옮겨 와 번갈아 주둔했으며, 병력은 6000~7000명에 이르렀다.

왜군은 1448년(세종 30년)에 세워진 길이 1644m의 석축성인 고성 읍성 남쪽 성벽에 붙여서 남북으로 길게 성을 쌓았는데, 왜성 북쪽 성벽은 읍성의 남쪽 성벽을 그대로 이용했고, 나머지 성벽은 읍성의 성벽 돌을 뽑아 와 쌓았다. 고성왜성은 경남도 문화재자료 제89호로 지정돼 있지만, 현재 마을에 파묻혀 성벽 대부분이 사라졌으며, 일부 성벽은 개인 주택의 담장이나 축대로 이용되고 있다. 천수각 자리에도 개인주택이 올라앉아 있다.

남해왜성은 와키자카 야스하루가 선소마을 뒷산에 세운 것이다. 선소마을이란 이름은 임진왜란 당시 왜군이 배를 정박하는 부두시설을 이곳 바닷가에 설치했기 때문에 붙여진 것으로, 지금도 바닷

남해왜성 본성의 천수대 성벽. 모서리 부분은 전혀
허물어지지 않고 400여 년 전 모습을 그대로 간직하고
있다.

역사의 블랙박스, 왜성 재발견

가에 당시 선소 시설 유적이 일부 남아 있다. 남해왜성은 남해섬 동쪽으로 튀어나온 해발 44m 구릉에 본성이 있고, 남쪽의 해발 22m 구릉에 외성이 있다. 가운데 도로가 나면서 본성과 외성의 연결은 끊긴 상태이다. 본성은 구릉 본래 지형을 그대로 활용해 꼭대기에 천수대를 두고 주변에 계단처럼 층층이 배치된 성곽터가 천수대를 둘러싸고 있다. 현재 성곽터 평지는 모두 밭으로 이용되고 있다.

남해왜성 아래 바닷가에는 바위에 가로 131cm, 세로 253cm 크기의 직사각형 비석 모양으로 파서 글을 새긴 경남도 유형문화재 제 27호 '장량상 동정마애비'가 있다. 1598년 임진왜란 마지막 전투인 노량해전 직후 명나라 장수 장량상이 임진왜란에 참전한 명나라 장군 이여송과 진린의 승리를 기념해 만든 것으로 알려져 있다.

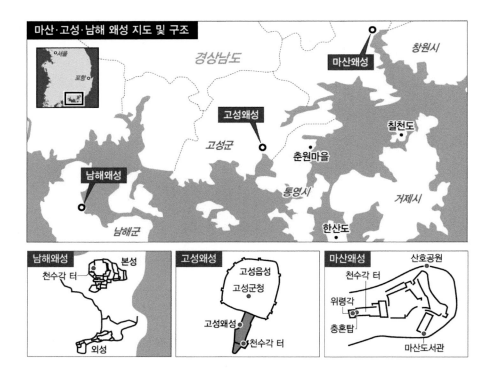

마산왜성 : 경남 창원시 마산합포구 산호동 247
주변 관광지 : 창동예술촌, 문신미술관, 마산어시장 등
고성왜성 : 경남 고성군 고성읍 수남리 62-3
주변 관광지 : 남산공원, 당항포관광지, 공룡박물관 등
남해왜성 : 경남 남해군 남해읍 선소리 69-9
주변 관광지 : 금산, 창선·삼천포대교, 보리암 등

역사의 블랙박스, 왜성 재발견

11
왜장 가토, 우물 없는
'철옹성'에 갇히다

울산왜성

울산왜성 본곽 동쪽 성벽. 본곽 동쪽 주출입구 주변에 성벽의 석축이
가장 잘 남아 있다.

역사의 블랙박스, 왜성 재발견

11. 왜장 가토, 우물 없는 '철옹성'에 갇히다

울산왜성

2013년 12월 울산시가 당시 울산박물관에서 전시 중이던 그림 한 점을 사겠다고 예산 25억 원을 편성했다가 시의회의 예산안 삭감으로 무산된 일이 있다. '도산전투도'라고 불리는 이 그림은 임진왜란 막바지 정유재란 때 울산왜성(도산성)에서 벌어졌던 조·명 연합군과 왜군의 전투장면을 일본인이 그들의 관점에서 그린 병풍 그림이다.

가로 3.75m, 세로 1.73m 크기 6폭짜리 병풍 3개에 그려진 그림 가운데 하나는 울산왜성을 겹겹이 에워싸고 공격하는 조·명 연합군과 성안에 갇힌 채 식량과 물이 바닥나 말을 잡고 오줌을 받아 마시며 악착스레 버티는 왜군의 모습을 생생히 묘사하고 있다. 나머지 2개의 병풍 그림엔 그 후속장면으로, 성 밖에서 태화강을 끼고 왜군 구원병력과 조·명 연합군이 대치하는 장면에 이어 포위를 풀고 물러나는 조·명 연합군 뒤를 왜군 구원병력이 쫓으며 공격하는 장면이 잇따라 펼쳐진다.

이 그림의 원본은 정유재란 때 왜군 제4군을 이끌고 조선에 들어와 울산왜성 전투 때 구원병력을 이끌었던 왜장 나베시마 나오시게가 뒤에 구술한 내용을 바탕으로 그의 가신이자 종군 화가인 오키(大木)가 그렸다. 그러나 이 그림은 1847년 나베시마 가문의 '사가(佐賀)번의 난' 때 불에 타 없어졌다. 울산시가 사려던 그림은 에도 시대(1603~1867) 때 전해지던 이 그림의 모사본 3종 가운데 하나를 1886년 다시 모사해 그린 것으로, 일본 유물 수집가 사카모토 고로(板本五郎)가 소장하고 있었다.

울산시는 당시 "기록으로만 남아 있는 울산왜성 전투 상황을 시각적으로 보여주는 희귀 유물"이라며 이 병풍 그림을 구입해야 할 필요성을 밝혔다. 하지만 "일본인이 그들의 관점에서 그린 임진왜란 전투 그림 모사본을 거액의 시민혈세를 들여 구입할 가치가 있냐"는 반대 여론에 끝내 밀리고 말았다. 그림을 사기에 앞서 그림의 실제 현장인 울산왜성의 보존과 관리, 그리고 그 의미에 대한 시민 홍보에는 얼마나 관심이 있었는지부터 되새겨봐야 했다는 지적도 나왔다.

일본인이 그린 병풍 그림 '도산전투도'의 부분. 임진왜란 막바지 정유재란
때 울산왜성(도산성)에서 벌어진 조·명 연합군과 왜군의 전투장면을
담고 있다. 울산왜성을 겹겹이 에워싸고 공격하는 조·명 연합군과 성안에
갇힌 채 식량과 물이 바닥나 말을 잡고 오줌을 받아 마시며 악착스레
버티는 왜군의 모습이 잘 묘사돼 있다.(울산박물관 제공)

'독 안의 쥐'를 놓치다

"여러 적 중에 청정(가토 기요마사)이 가장 강하니 청정을 격파한
다면 나머지 적은 셀 것도 못 되오이다."

임진왜란 6년째 정유재란이 터지던 해인 1597년 음력 섣달 그믐

날, 조선 국왕 선조는 조선에 파견된 명군 최고지휘관인 군문 형개(邢玠)를 만나 조·명 연합군의 울산전투 승전 상황을 축하하면서 "곧 가토를 사로잡게 됐다"는 형개의 말에 고무돼 이렇게 답했다고 『선조실록』에 기록돼 있다. 하지만 설 쇠고 9일째 되는 날 선조는 이미 닷새 전 조·명 연합군이 왜군에 대한 포위를 풀고 경주로 후퇴했다는 '허무한' 보고를 받아야 했다.

이 울산전투는 조·명 연합군이 왜란 끝 무렵인 1598년 9월 육군 3로군에 수군까지 합해 '사로병진' 작전으로 가토 기요마사의 울산, 고니시 유키나가의 순천, 시마즈 요시히로의 사천 등 3곳의 왜군 본거지에 총공세를 펴기 9달 전 먼저 울산을 전략적인 공격목표로 삼아 집중 공격함으로써 벌어졌다.

1597년 12월 23일 새벽부터 이듬해 1월 4일까지 12일 동안 명군 4만여 명과 조선군 1만여 명 등 5만여 명의 연합군과 울산왜성 일대 왜군 1만여 명 사이에 치열하게 펼쳐졌다. 뒤에 출동한 6만여 왜군 구원병력까지 치면 조·명·일 3국의 12만 대군이 12일에 걸쳐 벌인, 왜란 기간 최대 규모 전투였다. 당시 조선군 지휘는 도원수 권율이, 명군 및 연합군 총지휘는 명군 경리 양호(楊鎬)와 제독 마귀(麻貴)가 맡았다. 왜군은 정유재란의 선봉장 가토 기요마사가 지휘했다.

1597년 9월 직산전투와 명량해전에서 정유재란 이후 왜군의 승기를 꺾은 명과 조선은 다시 동남해안으로 쫓겨 수세에 몰린 왜군에 대한 막바지 총공세를 준비하면서 울산을 전략적인 우선 공격목표로 잡은 것이다. 왜군의 핵심 배후거점인 경상도의 최전선이었기 때문이다.

학성산 충의사 안 전시관에 있는 울산왜성 전투장면을 형상화한 축소
모형. 충의사는 2000년 7월 울산왜성 전투 당시 조·명 연합군 지휘부가
있던 학성산에 세운 사당으로, 임진왜란 때 왜군들과 맞서 싸우다 희생된
울산지역 의병 239명과 그 밖의 다수 무명의 위패를 봉안하고 있다.
이곳엔 임진왜란 관련 전시관도 있다.

조·명 연합군은 한성 방어와 전라도 쪽 왜군을 견제할 기본 병력만 남기고 대부분 병력을 울산 공격에 집중했다. 비록 명의 군문 형개가 만류해 실행하진 못했지만, 국왕 선조까지 원정군을 따라 충주·제천까지 친히 행차해 원정군을 독려하고 군량 지원 등 상황을 직접 챙기려 했을 만큼 지대한 관심을 보였던 전투였다.

조·명 연합군은 먼저 12월 22일 언양과 태화강 하류 등 울산 외곽의 수륙 양쪽 길목부터 봉쇄한 뒤 23일 새벽부터 울산왜성을 포위하고 가토를 비롯한 성안의 왜군 1만여 명을 고립시킨 상태에서 이듬해 1월 4일까지 대대적인 총공세를 펴부었다. 가토는 애초 울산왜성에서 남쪽으로 35km가량 떨어진 자신의 본거지 서생포왜성에 있다가 조·명 연합군이 울산왜성을 공격했다는 보고를 받고 23일 밤 뱃길로 태화강 하류에서 조·명 연합군을 피해 울산왜성으로 들어갔다.

수적 열세에 물과 식량까지 바닥난 왜군은 갈증과 허기에다 한겨울 추위마저 겹쳐 극한 상황 속에 궤멸 직전으로 내몰렸다.

하지만 조·명 연합군은 끝내 울산왜성 내성의 문턱을 넘지 못했다. 이렇게 장기전으로 시간을 끄는 사이 부산, 김해, 양산 등에서 왜군 구원병력들이 속속 울산으로 출동해 그 수가 6만여 명에 이르자 역포위를 우려한 조·명 연합군은 울산왜성의 포위를 풀고 경주로 물러나고 말았다.

『선조실록』에 기록된 당시 전투상황을 보면 조·명 연합군이 목책과 흙으로 쌓은 울산왜성 외곽부는 그대로 치고 들어갔으나 돌로 쌓은 내성은 "험고하고 격파하기 어려워 포위한 상태로 주둔하면서 그들이 스스로 무너지기를 기다리고" 있을 뿐이었다. 조선군

역사의 블랙박스, 왜성 재발견

들이 마른 풀과 섶을 지고 성 밑까지 진격해 적의 진영을 불태우는 화공까지 몇 차례 시도했으나 소나기처럼 쏟아지는 적의 탄환 때문에 사상자만 수없이 낸 채 실패로 끝났다.

『연려실기술』과 『선조실록』엔 이 전투로 인한 명군과 조선군 전사자가 각각 1400여 명과 1000여 명으로 기록돼 있다. 하지만 일본 쪽 기록인 『조선물어』에는 명군 전사자가 1만 5000명을 넘는 것으로 나와 있다. 기록에 따라 차이가 크나, 조·명 연합군 전사자가 적어도 몇천 명에서 1만여 명까지 이를 것으로 추정된다.

명군은 주로 후퇴 과정에, 조선군은 울산·경주 병사들이 화공에 동원됐다가 많은 사상자를 낸 것으로 기록됐다. 성안의 왜군도 구원병력이 도착했을 때 십중팔구가 빈사상태로 확인됐다고 한다.

명군이 후퇴하면서 부린 행패 때문에 인근 백성들 피해 또한 컸다. 『선조실록』은 당시 명군 장수를 수행했던 접반사의 보고를 통해 "회군하는 군사는 다시 대오를 편성하지 못하고 그 행동을 멋대로 하게 내버려두어 촌락에 들어가 백성들의 재물을 수탈하고 부녀자들을 강범하며 심지어는 사람을 죽이기까지 해 적이 지나간 것과 마찬가지였다"고 기록했다. 이에 어떤 마을의 노파는 울부짖으며 "굶주림을 참고 쌀을 찧어서 군량을 댄 것은 왜적을 평정하는 날을 기대해서인데 이제 도리어 이와 같이 되었으니, 다시 살아갈 길을 바랄 수가 있겠는가?"라고 탄식했다고 한다.

이후 조·명 연합군은 1598년 9월 사천·순천 왜성과 함께 울산 왜성에 다시 공격을 시도했다. 9월 21일 명군 제독 마귀는 2만 4000여 군사를 이끌고, 별장 김응서의 5500여 조선군과 함께 먼저 동래 방면을 공격해 부산 쪽 왜군과의 연결을 차단한 뒤, 가토의 1만

울산왜성 본곽 동쪽 주출입구 주변의 2단 성벽. 본곽에서 선착장으로
연결된 동쪽 주출입구의 남쪽 성벽을 2단으로 쌓고 다시 남쪽 성벽에서
선착장까지 능선을 따라 경사지면서 길다랗게 성벽을 쌓아 방어력을
강화했다.

5000여 왜군이 지키는 울산왜성 공성에 나섰으나 또다시 실패했다.
마귀는 25일 경주로 말머리를 돌렸다가 10월 6일 사천에서 명군이
왜군에게 대패했다는 소식을 듣고는 영천으로 다시 후퇴했다. 11월
18일 도요토미 히데요시의 죽음에 따른 본국의 귀환명령을 받고 가
토와 휘하의 왜군들이 성에 불을 지르고 물러난 뒤에야 마귀는 이
성에 입성할 수 있었다.

역사의 블랙박스, 왜성 재발견

천수각과 우물이 없던 왜성

울산왜성은 지금의 울산 중구 학성동 학성공원에 있다. 울산 도심을 가로질러 울산만과 연결되는 태화강과 동천 하류를 끼고 있는 곳이다. 이 성은 왜란 초부터 울산 울주군 서생포에 왜성을 쌓고 근거지로 삼아온 왜장 가토 기요마사가 정유재란 때 조·명 연합군의 남하공세에 대응해 동쪽 최전선에 전초 방어요새로 쌓은 것이다.

가토가 설계하고 부장 오다 가쓰요시(太田一吉)가 감독을 맡았으며 1만 6000여 명을 동원해 1597년 12월 울산왜성 전투가 벌어지기 직전 40여 일 만에 공사를 끝낸 것으로 기록됐다. 축성에 필요한 돌은 가까이 있던 경상좌도병영성과 울산읍성 성벽을 헐어 그 돌을 가져다 썼다.

울산 중구 동·서·남외동 일대에 걸쳐 있는 경상좌도병영성(사적 제320호)은 1417년(태종 17년)부터 1894년(고종 31년)까지 존속한 경상좌도 병마절도사(종2품) 영성이다. 정유재란 때 왜군에 의해 울산왜성 축성 때문에 파괴됐다가 왜란 뒤 몇 차례 보수 및 복원공사가 이뤄졌으며, 현재 북문 터를 중심으로 동·서문 터까지 양쪽으로 성벽이 복원돼 남아 있다. 울산 중구 북정·교동 일대에 있던 울산읍성은 조선 1477년(성종 8년)에 쌓은 울산군수(종4품) 치소가 있던 읍성으로 정유재란 때 왜군에 의해 파괴된 뒤로 현재 성곽이 남아 있지 않다.

울산왜성은 공사를 급히 한데다 축성이 끝나자마자 조·명 연합군의 공격을 받아 치열한 전투를 치르느라 본곽 안에 여느 왜성에다 있는 지휘소 건물인 천수각이 없었다. 건물이라면 각 성벽 모서리마다 세운 12개의 전투용 누각과 거주용 막사 정도였다.

정유재란 때 왜군 장수를 따라 조선에 파견된 뒤 이 왜성의 축성을 지켜봤던 왜군 종군승려 게이넨(慶念)은 일기에 당시 급박했던 축성상황을 다음과 같이 기록했다.

"오른쪽도 왼쪽도 성을 쌓느라 쇠망치 소리 도끼질 소리로 잠을 이룰 수 없다. 총을 쥔 사람, 깃발 든 사람, 뱃사람 할 것 없이 산에 올라가 나무를 베어 오고 어슬렁거리는 자는 매를 맞고 때로는 적에게 목이 잘리고…."

울산왜성은 평야 한가운데 솟은 해발 50m의 독립된 구릉 꼭대기에 본곽(제1곽)을 조성하고, 본곽 북쪽 아래에 제2곽, 그 서북쪽 아래에 제3곽을 배치한 모양새를 갖췄다. 세 곽의 성벽 길이를 합하면 1300여m, 높이는 10~15m이다. 왜란 당시 구릉 남쪽 끝이 태화강과 접해 있어 병력과 군수물자 수송 및 퇴각의 편의를 위한 선착장(선입지)도 있었다.

또 본곽에서 선착장으로 연결된 동쪽 주출입구 남쪽 성벽을 2단으로 쌓고 다시 남쪽 성벽에서 선착장까지 능선을 따라 길다랗게 경사진 성벽을 쌓아 방어력을 강화했다. 태화강과 접한 남쪽을 빼고 세 성곽의 동·북·서쪽 3면 외곽에는 2400m 길이의 흙둑(토루)과 해자를 두르고 다시 3중으로 목책을 세워 외성을 구축했으나 지금은 주택과 도로가 들어서 모두 없어졌다. 이 가운데 동쪽 성벽에서 지금의 중앙여고 자리까지 나팔 모양의 길다란 토루가 있어 주민들로부터 '나팔등'이라 불리기도 했는데 1984년 토지구획정리사업으로 사라졌다.

역사의 블랙박스, 왜성 재발견

울산 중구 서동의 경상좌도병영성 북문터~서문터 쪽 구간 성벽.
경상좌도병영성은 정유재란 때 왜군이 울산왜성을 쌓느라 그 돌을 뽑아다
쓰는 바람에 파괴됐다. 왜란 뒤 몇 차례 보수 및 복원 과정에서 다시
울산왜성의 돌이 이곳으로 옮겨진 것으로 추정된다.

나동욱 부산박물관 문화재조사팀장은 문헌기록과 일제강점기
때 측량도면을 참고해 울산왜성에서 서쪽으로 3km가량 떨어진 태
화루 부근과 왜성의 북쪽 맞은편 학성산, 동천 구릉 등에도 언양과
경주 쪽으로부터의 방어를 위해 지성을 세웠던 것으로 보고 있으나
흔적은 남아 있지 않다.

학성산에서 바라본 울산왜성과 주변 전경. 왼쪽으로 태화강과 동천
합류지점은 물론 멀리 울산만까지 보인다. 울산왜성은 왜란 당시
섬처럼 보이는 산에 있다고 해서 '도산성(島山城)'으로 불렸고,
조선 후기에는 시루를 엎어놓은 것 같다고 해서 '증성(甑城)'으로도
불렸다.(울산발전연구원 제공)

울산왜성은 독립된 구릉에 쌓은 성이기 때문에 대규모 병력으
로 성을 포위해 고립시키기는 쉬운 반면, 어느 방향에서도 공격로
를 찾기 힘든 구조를 하고 있었다. 이 때문에 조·명 연합군은 전투
초반, 쉽사리 성을 에워싸고 돌격전을 감행했지만 끝내 성을 점령

역사의 블랙박스, 왜성 재발견

하는 데는 실패했다. 당시 명군 경리 양호를 수행했던 접반사 이덕형과 도원수 권율은 보고를 통해 "석축이 깎아지른 듯하고 토굴이 마치 벌집과 같은데 중국군이 위로 쳐다보며 공격해야 하기 때문에 형세가 쉽지 않았다"고 했다.

이 성은 이처럼 외부 공격으로부터는 철옹성 같은 요새였지만 성안에 우물이 없다는 치명적 약점을 갖고 있었다. 조·명 연합군과의 전투 때 성안에 고립됐던 왜군들이 갈증을 못 견디고 어둠을 틈타 성 밖으로 나가 물을 찾다가 매복해 있던 별장 김응서의 조선군에게 붙잡히거나 목숨을 잃는 일도 부지기수였다. 이 때문에 가토는 본국에 돌아가 자신의 영지 구마모토에 성을 쌓을 때 포위된 상태에서도 군량과 식수 확보에 문제가 없도록 성안에 우물 120여 개를 파고 실내 다다미를 식용 가능한 고구마 줄기로 만드는 등 각별히 신경을 썼다고 한다.

이 성은 왜란 이후 한동안 조선 수군의 주둔지로 이용됐고 1624년부터 30년간 전함을 건조하는 전선창을 두기도 했다. '울산학성'이란 이름으로 일제강점기 때엔 조선 고적 제22호(1935년 5월)로, 해방 뒤엔 국가 사적 제9호(1963년 1월)로 지정됐다가, 1997년 10월 일제지정 문화재 재평가에 따라 '울산왜성'으로 이름이 바뀌고 울산시문화재자료 제7호로 격하됐다.

한삼건 울산대 교수(디자인·건축융합대학장)는 "원래 학성은 나말·여초 때 우리 옛성인 계변성 또는 신학성을 일컫는 것으로, 울산왜성 북쪽 맞은편 학성산에 있었다. 이곳엔 고려 말·조선 초의 옛 읍성도 있었고, 울산왜성 전투 때 조·명 연합군 지휘부가 주둔하기도 했다"고 한다.

당시 조·명 연합군 지휘부가 있던 학성산엔 2000년 7월부터 임진왜란 때 왜군들과 맞서 싸우다 희생된 울산지역 의병 239명과 그 밖의 다수 무명의 위패를 봉안한 충의사가 세워졌다. 울산왜성은 왜란 당시 섬처럼 보이는 산에 있다고 해서 '도산성(島山城)'으로 불렸고, 조선 후기에는 시루를 엎어놓은 것 같다고 해서 '증성(甑城)'으로도 불렸다.

현재 공원으로 조성돼 시민들의 휴식공간 구실을 하고 있으나 주변의 급속한 도시개발로 인해 본곽 동쪽 주출입구 주변의 성벽 등을 빼곤 아래쪽 제2곽과 제3곽 석축은 대부분 훼손돼 원래 모습을 많이 잃어버렸다.

한삼건 교수는 "제3곽부터 성 아랫부분 석축은 일찌감치 조선시대부터 이미 뽑혀나갔을 것이다. 왜란이 끝난 뒤 경상좌병영성을 보수 또는 복원할 때 왜성 돌을 가져다 썼을 것으로 보인다. 병영성 돌이 왜성으로 갔다가 다시 병영성으로 돌아가기도 한 것이다"라고 설명했다.

역사의 블랙박스, 왜성 재발견

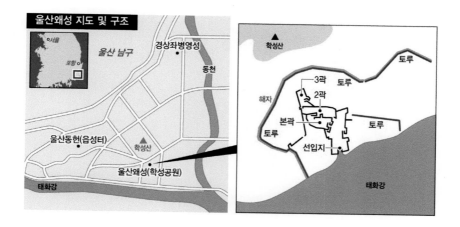

울산왜성 : 울산 중구 학성동 100(학성공원3길 54) 일대

주변 관광지 : 외솔기념관 및 생가, 경상좌도병영성, 울산동헌 및 내아, 태화루 공원 등

12
조·명 연합군,
어이없는 패배를 당하다

사천왜성과 진주 망진왜성

하늘에서 내려다본 사천왜성의 모습.
오른쪽 위 끝부분에 있는 사각형이 천수각 터이다.

역사의 블랙박스, 왜성 재발견

12. 조·명 연합군,
어이없는 패배를 당하다

사천왜성과 진주 망진왜성

1598년 음력 10월 1일 오후. 이날 새벽부터 시작됐던 치열한 전투가 끝나고 사천왜성 앞 들판엔 숨진 조·명 연합군 병사들의 주검이 수를 헤아릴 수 없을 만큼 많이 널브러져 있었다. 주검의 행렬은 40리 떨어진 진주 남강까지 이어졌다. 정유재란을 포함한 임진왜란 7년 전쟁에서 왜군이 마지막으로 승리한 사천왜성 전투이다.

왜군들은 전사자들의 목을 모두 베고, 코까지 베었다. 달아나는 조·명 연합군을 진주까지 쫓아갔던 왜군들은 민간인들도 닥치는 대로 죽여서 코를 베었다. 베어낸 코는 큰 나무상자 10개에 담고 소금으로 절였다. 승전의 증거물로 본국에 보내려는 것이었다.

왜군은 전공을 확인받기 위해 임진왜란 초기에는 조선군의 머리를 잘라 본국에 보냈으나 부피가 크고 무겁다는 이유로 이후에는 왼쪽 귀를 잘라 보냈고, 정유재란 때는 코를 잘라 보냈다. 왜군은 전공

을 부풀리기 위해 민간인도 닥치는 대로 죽여 귀와 코를 잘랐다.

　임진왜란에 참전했던 오가와치 히데모토(大河內秀元)는 『조선물어(朝鮮物語)』에서 "조선 사람 머리 18만 538개, 명나라 사람 머리 2만 9014개 등 21만 4752개를 교토 헤이안성 동쪽 대불전 부근에 무덤을 만들어 묻었다"고 기록했다. 남원지역 의병장 조경남은 『난중잡록』에 "왜적은 사람을 보면 죽이든 안 죽이든 무조건 코를 베어 갔다. 전쟁이 끝난 뒤 거리에서 코 없는 사람들을 자주 볼 수 있었다"고 썼다.

　사천왜성에 주둔했던 왜군 장수 시마즈 요시히로의 집안에 전해지는 『시마즈 중흥기』를 보면 "시마즈 다다쓰네 군대 1만 108명, 시마즈 요시히로 군대 9520명, 시마즈 요시히사(島津義久) 군대 8383명 등이 조·명 연합군 3만 8717명의 목을 베어 그 코를 잘라 10개의 큰 나무통에 넣고 소금으로 절여 본국에 보냈다"고 되어 있다. 다다쓰네는 요시히로의 아들이고, 요시히사는 요시히로의 형이다.

　　　　　　　　　　　　　　　　　역사의 블랙박스, 왜성 재발견

사천왜성 인근에 있는 조명군총. 1598년 음력 10월 1일 벌어진 사천왜성 전투에서 전사한 조·명 연합군의 무덤이다.

하지만 사천왜성 전투에 투입됐던 조·명 연합군은 2만 9000여 명이었으며, 이 가운데 전사자는 8000여 명이었다. 『시마즈 중흥기』에 적힌 숫자가 맞다면, 왜군들이 인근 고을의 무고한 백성들까지 대량 학살했다는 것 외에는 설명할 길이 없다.

왜군은 조·명 연합군 전사자들의 주검을 사천왜성 앞에 파묻었는데, 악취가 나고 구더기가 들끓자 700m가량 떨어진 곳에 옮겨 파묻었다. 이 무덤은 명나라 병사들의 무덤이라는 뜻에서 '당병무덤' 또는 목 잘린 병사들의 무덤이라는 뜻에서 '댕강무데기'라고 불리기도 했으나, 세월이 흐르며 '패전의 기억'은 잊혀져 대부분 사람들은 그저 조그만 언덕으로 알고 있었다.

사천문화원 등 사천지역 단체들은 1983년 11월 4일 이 무덤을 가로 세로 각 35m의 네모반듯한 형태로 정비해 '조명군총'이라 이름 붙이고, 무덤 앞에 조·명 연합군전몰위령비를 세웠다. 1992년 4월엔 일본 교토 도요쿠니신사 앞에 있는 조선인 귀무덤의 흙을 항아리에 담아 가져와 조명군총 옆에 안치했다. 조명군총은 1985년 11월 7일 경남도 기념물 제80호로 지정됐다.

공대원 사천문화원 사무국장은 "임진왜란이 끝난 이후 우리가 복원할 때까지 400년 가까이 어느 누구도 조명군총을 돌보지 않고 방치해, 이것이 무덤이라는 것을 아는 사람도 거의 없었다. 조명군총을 복원한 뒤 해마다 양력 10월 1일 제향을 올렸으나, 2015년부터는 사천왜성 전투가 일어난 1598년 음력 10월 1일을 양력으로 환산해 10월 30일 제향을 올리고 있다"고 말했다.

조·명 연합군, 왜군에 대패하다.

1597년(선조 30년) 1월 재침해 7월부터 북상하던 왜군은 두 달 만에 조·명 연합군의 반격에 밀려 남해안으로 후퇴했다. 왜군은 본거지인 부산과 별도로 세 군데에 거점을 뒀는데, 가토 기요마사의 동로군은 울산, 고니시 유키나가의 서로군은 전남 순천, 시마즈 요시히로의 중로군은 경남 사천에 주둔했다.

사천은 북쪽으로 진주와 남강을 바라보고, 남쪽으로 큰 바다와 통하면서, 동서쪽으로 도움을 주고받을 수 있는 전략적 요충지였다. 중로군은 도요토미 히데요시의 명령에 따라 거제와 남해로 통

2007년 복원된 사천왜성 성문과 성벽.
목조건물인 성문은 일본 히메지성 성문을 본땄다.

하는 해안 요충지에 1597년 10월 29일부터 12월 27일까지 채 두
달도 되지 않는 짧은 기간에 사천왜성을 쌓았다. 또 조·명 연합군
이 남강을 건너오는 것을 막기 위해 남강 건너편에 망진왜성도 설
치했다.

조선에 온 명군은 1598년 8월 군대를 4개로 나누어 한꺼번에 진
격하는 사로병진 작전을 펼쳤다. 동로군의 제독 마귀는 울산왜성,
중로군의 제독 동일원은 사천왜성, 서로군의 제독 유정은 순천왜성
을 각각 공격했다. 수군 제독 진린은 해상에서 동시에 공격했다. 조
선군은 명군과 힘을 합쳐 연합군을 구성했는데, 지휘권은 명군이
쥐었다.

명나라 제독 동일원은 9월 20일 명군 중로군 2만 6800명과 경상

우병사 정기룡 휘하 조선군 2215명으로 이뤄진 조·명 연합군으로 진주성을 공격해, 왜군으로부터 진주성을 되찾았다. 이후 남강을 건너 망진왜성을 부수고, 9월 28일 사천에 도달해 왜군이 차지하고 있던 사천읍성도 되찾았다.

도요토미 히데요시가 8월 18일 죽음에 따라, 당시 왜군은 모두 본국으로 철수를 준비하는 상황이었다. 시마즈 요시히로는 조·명 연합군의 공격을 막으면서 동시에 무사히 일본으로 철수하기 위해 진주와 사천 곳곳에 배치돼 있던 왜군을 사천왜성으로 집결시켰다. 그 수는 1만 2000여 명이었다.

명군은 수적 우세를 앞세워 10월 1일 새벽 사천왜성을 포위하고 총공격에 나섰다. 경상우병사 정기룡은 신중히 공격하자고 건의했으나, 동일원은 "왜군을 전멸시키고 아침밥을 먹자"며 정기룡의 건의를 무시했다. 하지만 2시간가량 일방적으로 공격하던 도중 명군 진중에서 화약 폭발사고가 일어나면서 전세가 갑자기 역전됐다. 성 안에서 방어만 하던 왜군이 성문을 열고 쏟아져 나와, 폭발사고로 우왕좌왕하던 조·명 연합군 8000여 명을 몰살시켰다. 결국 조·명 연합군은 군량미와 무기 등을 모두 버리고 남강 건너로 달아났다. 이후 동일원은 사천왜성을 다시 공격할 엄두를 내지 못했다.

사천왜성 전투 결과에 대해 일본 조정은 '삼국무쌍'이라고 격찬했다. 조선·일본·명 3국을 통틀어 임진왜란 최고의 승전이라는 것이다. 도요토미 히데요시 사후 일본 정부를 이끌던 도쿠가와 이에야스 등 5대로는 전공을 인정해 시마즈 요시히로에게 영지를 추가로 내렸다.

11월 16일 사천왜성을 버리고 일본으로 철수하려던 시마즈 요시

역사의 블랙박스, 왜성 재발견

사천왜성 안에 세워져 있는 이충무공 사천해전 승첩기념비. 1592년 음력 5월 29일 이순신 장군이 이끄는 조선 수군이 사천 앞바다에서 왜군을 격파한 것을 기념하는 것이다.

히로는 순천왜성에 고립돼 있던 고니시 유키나가로부터 구원 요청을 받고, 11월 18일 남해에 주둔하고 있던 소 요시토시(宗義智)군 등 1만 2000여 명의 병력과 500여 척의 함선을 이끌고 순천을 향해 바닷길로 진출했다. 하지만 이순신이 이끄는 조선 수군과 진린이 이끄는 명나라 수군은 이를 미리 파악하고 남해와 하동 사이 좁은 바다인 노량해협에서 왜군을 막았다. 조·명 연합군과 왜군은 11월 19일 새벽부터 치열한 전투를 벌였고, 왜군은 450여 척의 함선을 잃

복원된 사천왜성 천수대.
현재 우리 공군의 충령비가 천수대에 세워져 있다.

고 달아났다. 이 해전에서 이순신 장군도 왜군의 총탄을 맞고 전사
했다. 정유재란을 포함해 임진왜란 7년 전쟁의 마지막 전투였던 노
량해전이다.

시마즈 요시히로는 거제도를 거쳐 부산으로 들어가 11월 26일
일본으로 철수했다.

시마즈 요시히로는 일본으로 돌아가며 전국에서 붙잡은 조선 도
공 70여 명도 끌고 가 자신의 영지인 사쓰마에서 도자기를 만들도
록 했다. 다른 왜군 장수들도 조선 도공들을 끌고 갔는데, 시마즈

역사의 블랙박스, 왜성 재발견

요시히로는 직접 도자기를 빚을 만큼 도자기에 관심이 많아 도자기 재료인 고령토까지 싣고 갔다. 그는 조선 도공들을 위한 마을을 만들어 수준 높은 작품을 생산하도록 후원했다. 당시 끌려간 도공은 김해 또는 금해, 변방중, 박평의, 심당길, 장일육, 신무신, 신주석 등이 대표적인데, 이들은 세계적으로 유명한 사쓰마 도자기의 다테노요, 조사요, 류몬지요, 나에시로가와요, 와쿠타요 등 여러 분파의 원조가 됐다.

왜군, 경남에 최후의 보루를 쌓다.

사천왜성은 사천읍성에서 서남쪽으로 7km가량 떨어진 경남 사천시 용현면 선진리 바닷가의 해발 30m 낮은 구릉에 있다.

선진항 북쪽에 있어 동쪽을 제외한 삼면이 바다와 접한다. 동서 550m 남북 600m 크기로, 성은 크게 4개 구역으로 나눠져 있었다. 육지와 유일하게 통하는 동쪽으로는 폭 30m의 해자를 설치하고 바다 쪽으로는 목책을 박아 방어했다. 바다에서 보면 섬처럼 보이기 때문에 '법질도'라고도 불렸다. 지금은 남쪽과 북쪽 바다가 매립돼 육지로 변했기 때문에, 서쪽만 바다와 접해 있다.

시마즈 요시히로, 모리 요시나리, 이케다 히데오(池田秀雄), 나카가와 히데시게(中川秀成), 다카하시 나오쓰구(高橋直次) 등이 쌓았고, 시마즈 요시히로군 1만여 명이 주둔했다.

하지만 왜군이 성을 쌓기 이전에 이미 이곳엔 성이 있었다. 선진항에는 고려 초기 세곡을 보관하는 통양창이 있었으며, 이를 보호하기 위해 흙으로 쌓은 창성이 있었다. 왜군은 통양창성 안에 왜성을 쌓았다. 2000년대 들어 모두 네 차례 발굴조사를 통해, 사천왜성은 기존 통양창성의 성벽과 시설을 최대한 이용해 쌓은 것으로 밝혀졌다. 통양창성 터에서는 신석기시대 토기와 석기, 통일신라시대 석관묘와 비석 등 통양창성 축성 이전 시기의 유물도 대량 출토됐다. 현재 통양창성의 성벽은 920m가량 남아 있다.

왜군은 사천왜성을 쌓기 전인 1592년 5월 임진왜란 발발 직후 이곳에 상륙해 진을 쳤는데, 경상우수사 원균으로부터 사천 선창에 왜군이 주둔했다는 연락을 받은 전라좌수사 이순신은 5월 29일 수군을 이끌고 출전해 왜선 13척을 격침시키는 전과를 올렸다. 사천해전은 거북선이 처음으로 출전한 전투이기도 하다.

1936년 5월 고적 제81호로 지정하는 등 일제강점기 일본은 사천왜성을 일본군 전승지로 관리했다. 사천왜성에 주둔했던 시마즈 요시히로의 후손들은 1918년 성터 일부를 사들이거나 기부받아 공원으로 조성하고, 성안에 벚나무 1000여 그루를 심었다. 이들은 왜군 장수의 지휘소인 천수각 터에 사천신채전첩지비(四川新寨戰捷之碑)라 새긴 비석도 세웠는데, 1945년 해방 직후 지역 주민들이 없앴다.

우리 정부는 1963년 1월 21일 사적 제50호로 지정했다가, 1998년 11월 13일 지방문화재로 격하시켜 경남도 문화재자료 274호로 재지정했다. 사천시는 1978년 12월 공원 안에 이충무공 사천해전 승첩기념비를 세웠다. 일본인들이 세웠던 비석 자리에는 6·25전쟁 때 전사한 공군장병과 경남 사천 공군 제3훈련비행단에서 임무 수행 도중 숨진 공군장병들을 기리는 충령비가 서 있다.

지금도 벚꽃이 피는 봄이면 많은 사천시민들이 이곳을 찾는데,

복원된 망진산 봉수대. 임진왜란 때는 망진왜성에 주둔한 왜군이
사용했을 것으로 추정된다.

사천시는 2006년 3월~2007년 12월 21억 5000여만 원을 들여 성벽 886m와 성문 한 곳 등을 복원했다.

하지만 복원된 사천왜성은 제대로 된 고증과 감리 없이 그저 조잡하게 흉내만 냈다는 비판을 받고 있다. 성벽 모서리는 긴 면과 짧은 면의 돌을 번갈아 쌓아 올리는 왜성 축성술의 대표적 특성이 제대로 지켜지지 않았으며, 성벽 기울기도 제각각이다. 모서리는 벌써부터 비틀어져 에스(S)자로 휜 곳도 있다. 심지어 돌을 세로로 끼우거나, 큰 돌들 사이 틈을 부스러기 돌로 메운 것도 발견된다. 모서리 일부가 깨져 접착제로 붙인 것도 있다. 복원한 지 10년도 되지 않았는데 곳곳의 성벽 돌은 갈라지거나 부서지고 있다. 이 때문에 400여 년 전 성벽과 여기에 덧대 복원한 성벽은 누가 보더라도 확연한 차이를 느낄 수 있다.

망진왜성은 경남 진주시 망경동 해발 172m 망진산 꼭대기에 있다. 이곳에선 남강을 사이에 두고 진주성이 훤히 내려다보이는데, 조·명 연합군이 남강을 넘어오는 것을 막기 위해 쌓은 성으로 사천왜성을 지키기 위한 것이다. 시마즈 요시히로의 휘하 장수인 데라야마 히사가네(寺山久兼)가 쌓은 것으로 알려져 있다.

하지만 왜군은 1593년 6월 말 진주성을 함락한 직후 이곳에 진지를 설치했기 때문에, 1597년 10월 사천왜성을 쌓으며 망진산에 있던 진지 둘레에 목책을 세워 작은 성을 만든 것으로 추정된다. 주둔한 병력은 300여 명이었다.

현재 망진산 꼭대기에 성벽 유적은 전혀 발견되지 않으며, 한국방송공사 방송탑, 망진체육공원 등이 들어서 있다. 꼭대기에서 240m 떨어진 곳에 조선시대 봉수대가 복원돼 있는데, 임진왜란 당시에는 왜군이 사용했을 것으로 추정된다.

역사의 블랙박스, 왜성 재발견

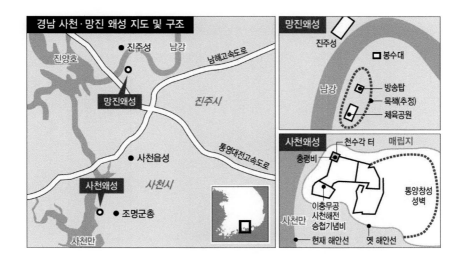

사천왜성 : 경남 사천시 용현면 선진리 770

주변 관광지 : 조명군총, 항공우주박물관, 사천읍성 등

망진왜성 : 경남 진주시 망경동 산 30-3

주변 관광지 : 진주성, 인사동 골동품거리, 진주향교, 진양호 등

13

임진왜란 7년 전쟁의
마지막 전투를 벌이다

순천왜성

하늘에서 내려다본 순천왜성 본성. 왼쪽 볼록하게 솟아오른 부분이
천수각이 서 있던 천수대이다. 임진왜란 당시는 바다에 접해 있었으나,
현재는 율촌산업단지 건설로 주변 바다가 매립된 상태이다.

역사의 블랙박스, 왜성 재발견

13. 임진왜란 7년 전쟁의 마지막 전투를 벌이다

순천왜성

조선을 침략한 왜군의 패색이 짙어가던 1598년 음력 11월 18일 순천왜성에 주둔해 있던 고니시 유키나가의 왜군은 부산으로 철수하려 했지만, 순천왜성 앞바다에 버틴 조·명 연합 수군에 가로막혀 순천왜성에서 오도 가도 못하고 고립된 신세였다. 결국 고니시를 구하기 위해 남해왜성에 주둔해 있던 그의 사위 소 요시토시(宗義智), 사천왜성의 시마즈 요시히로, 고성왜성의 다치바나 무네토라(立花統虎), 부산에 주둔해 있던 테라자와 마사시게(寺澤正成)와 다치바나 나오쓰구(立花直次) 등이 일제히 수군을 이끌고 순천왜성으로 향했다.

고니시가 달아나는 것을 막기 위해 순천왜성 앞바다를 봉쇄하고 있던 이순신의 조선 수군과 진린의 명 수군은 왜군의 긴박한 움직임을 간파하고, 왜군 구원부대부터 격파하기 위해 이날 밤 비밀리에 하동과 남해 사이 좁은 바닷길인 노량해협으로 이동했다. 고니시군 퇴로를 막은 채 그대로 있다가는 자칫 고니시군과 고니시를 구하러 오는 왜군 사이에 끼어 협공을 당할 수 있다고 판단했기 때문이다.

명 수군은 노량해협 서북쪽 하동 쪽에 진을 치고, 조선 수군은 노량해협 서남쪽 남해 쪽에 진을 쳤다. 왜군 구원부대의 앞길을 양쪽에서 미리 막아선 것이다.

11월 19일 새벽 조·명 연합 수군 전함 500여 척과 왜군 전함 500여 척이 좁은 노량해협을 사이에 두고 맞닥뜨렸다. 왜군은 노량해협을 통과하기 위해 명군 전함 쪽으로 달려들었다. 그러나 조선수군이 화포로 공격해 명군을 구한 뒤 왜군 전함을 닥치는 대로 격침시키자, 왜군은 배를 돌려 달아나기 시작했다. 다급했던 왜군은 큰 바다로 나가는 길로 착각하고 남해 관음포로 후퇴했다가 막다른 길이라는 것을 알고는 '독 안의 쥐'처럼 맹렬하게 조·명 연합 수군에게 달려들었다. 화포를 쏘며 진행되던 전투는 근접전으로 바뀌었고, 결국 백병전으로 이어졌다. 이날 새벽 2시께 시작된 전투는 정오까지 계속됐다.

시마즈 요시히로 등 왜군은 이날 오후 50여 척의 전함만 이끌고 남해 창선도, 거제 장문포 등을 거쳐 부산으로 철수했다. 조·명 연합 수군이 자리를 비운 틈을 이용해, 11월 20일 새벽 고니시군은 순천왜성을 빠져나와 거제를 거쳐 부산으로 달아났다.

직접 북채를 쥐고 전투를 진두지휘하던 이순신은 전투가 격렬히 진행되는 상황에서 시마즈군이 쏜 총탄에 맞아 "전투가 한창 급하니, 나의 죽음을 알리지 말라"라는 말을 남기고 전사했다. 가리포첨

정유재란 당시 순천왜성 전투와 노량해전 등의 장면을 그린 '정왜기공도 병'의 뒷부분. 정왜기공도병은 애초 명나라 종군 화가가 그린 '정왜기공도 권'을 19세기 여섯 폭짜리 병풍 2개에 다시 그린 것으로, 국립중앙박물관 은 2012년 영국에서 뒷부분 병풍만 사들였다. 앞부분 병풍은 현재 스웨덴 동아시아박물관에 소장돼 있다.(국립중앙박물관 제공)

사 이영남, 낙안군수 방덕룡, 흥양현감 고덕장과 명군 장수 등자룡 등도 이 전투에서 전사했다.

부산에 집결한 왜군은 1598년 11월 24일부터 11월 28일 사이에 모두 본국으로 철수했다. 1592년 음력 4월 14일 고니시 유키나가군 이 부산에 상륙하면서 시작된 한·일·중 동북아 3국의 7년 전쟁인 임진왜란은 이렇게 끝났다.

선조는 임진왜란이 끝나고 6년 뒤인 1604년 6월 25일 1등 공신 3 명, 2등 공신 5명, 3등 공신 10명 등 전쟁에서 큰 공을 세운 18명을 선무공신으로 선정했다. 1등 공신엔 권율, 이순신, 원균이 이름을 올렸다.

정유재란 당시 순천왜성 전투와 노량해전 등의 장면을 담은 병풍인 '정왜기공도병'에서 순천왜성 전투 장면만 따로 그린 '정왜기공도'. 순천왜성의 구조와 수륙 합동작전으로 왜군을 공격하는 조·명 연합군의 모습이 생생히 나타나 있다.(순천시 제공)

임진왜란 마지막 전투

고니시 유키나가군 1만 4000여 명은 1597년 가을부터 순천에 주둔했다. 이들은 순천왜성 북쪽 해안에 전함 500여 척을 정박시켜 언제라도 철수할 준비를 해둔 상태였다.

제독 유정이 이끄는 3만 5000여 명의 명군 서로군은 순천왜성을 공격하기 위해 1598년 9월 중순 전주에서 출발했다. 도원수 권율 휘하 조선군 6000여 명도 명군에 배속됐다. 명군 도독 진린과 조선

역사의 블랙박스, 왜성 재발견

수군통제사 이순신도 전함 500여 척 규모의 연합 함대를 구성해, 9월 18일 나로도를 출발해 20일 아침 순천왜성 앞바다에 도착했다. 조선 수군은 장도, 명 수군은 묘도 등 순천왜성 앞의 섬에 주둔하며 왜군의 바다 퇴각로를 차단했다.

조·명 연합군은 9월 20일부터 여섯 차례에 걸쳐 순천왜성을 점령하기 위한 수륙 합동작전을 펼쳤다. 하지만 사천왜성에서 10월 1일 조·명 연합군이 왜군에게 대패했다는 소식을 들은 유정은 전의를 상실해 적극적으로 전투를 벌이려 하지 않았다. 수륙 합동작전에 육군을 이끄는 유정이 협조하지 않음에 따라 수군만 번번이 피해를 당했다.

조선 조정이 파견한 사후사로서 당시 순천왜성 전투를 직접 목격한 좌의정 이덕형은 유정의 태도에 대해 "유 제독이 2일 왜적의 성을 공격할 때 모든 군사가 성 아래로 60보쯤 전진했는데, 왜적의 총탄이 비 오듯 하자, 제독은 끝내 깃발을 내려놓고 독전하지 않았습니다. 독전하지도 않고 또 철수도 하지 않아 각 군대로 하여금 반나절을 서서 보내게 하고 다만 왜적의 탄환만 받게 했으니, 제독이 한 짓을 도무지 알 수가 없습니다. 3일 수군이 조수를 타고 혈전하여 대총으로 소서행장(고니시 유키나가)의 막사를 맞추자 왜인들이 놀라고 당황하여 모두 동쪽으로 갔으니 만약 서쪽에서 공격하여 들어갔다면 성을 함락시킬 수 있었습니다. 김수가 문을 열어젖히고 싸우자고 청하였지만, 제독은 노기를 띠고 끝내 군대를 출동시키지 않았습니다. 성 위에서 어떤 여자가 부르짖기를 '지금 왜적이 모두 도망갔으니 중국 군대는 속히 쳐들어오라'고 하였습니다. 기회가 이와 같은데도 팔짱만 끼고 지나쳤으니, 제독이 행한 일은 참으로

일제강점기에 촬영한 순천왜성 천수대 모습. 천수대 위의 비석은 현재
사라지고 없다.(순천시 제공)

넋을 빼앗긴 사람과 같아서 장수와 군졸들이 모두 업신여기고 있습
니다"라고 조정에 보고했다.

　결국 유정은 10월 7일 조·명 연합군을 남원으로 철수시켰다. 앞
서 9월 말 조·명 연합군이 왜군을 정벌하기 위해 순천왜성 앞에 집
결하자 백성들은 숨겨뒀던 곡식을 스스로 앞다퉈 군량미로 내놨으
나, 명군은 철수하며 군량 8900여 석과 말, 소, 무기 등을 버리고 갔
다. 왜군은 8일 순천왜성에서 나와 명군이 버리고 간 모든 군량과
장비를 차지하고는 '군량과 무기가 부족했는데 중국과 조선이 우리
에게 군량을 주고 무기까지 보조해주니 대단히 감사하다'고 쓴 깃
발을 길에 꽂아 달아난 조·명 연합군을 비웃었다. 육상군이 없는
상태에서 수군만으로는 순천왜성에 주둔한 왜군을 공격할 수 없었

　　　　　　　　역사의 블랙박스, 왜성 재발견

다. 10월 9일 결국 조·명 연합 수군도 철수했다.

순천왜성 전투의 결과에 대해 이덕형은 "제독(유정)이 밤을 틈타 철수하자 군대가 뿔뿔이 흩어져 왜교(순천왜성)에서부터 순천에 이르기까지 쌀이 길바닥에 낭자하였습니다. 왜교에 남은 식량도 아직 3000여 석이나 되었는데 모두 불태우라고 명하였으나 타지 않은 것은 왜적의 손에 들어가고 말았습니다. 철수할 때 수군은 조수를 이용해서 전진하여 성을 공격하려고 하였습니다. 금번의 거사에 우리 군사는 거의 1만 수천 명이나 되었고 성을 공격할 수 있는 무기도 매우 훌륭하였는데, 적의 성을 한쪽도 무너뜨리지 못하고 도리어 적에게 업신여김을 당하였으며 적에게 식량을 제공하였으니, 돌아와 아픈 마음을 견딜 수 없습니다"라고 조정에 보고했다.

도요토미 히데요시가 1598년 음력 8월 18일 숨지자, 도쿠가와 이에야스 등 도요토미 히데요시의 권한을 대리한 5대로는 미야기 토요모리(宮木豐盛)와 도쿠나가 나가마사(德永壽昌)를 조선에 보내 왜군 장수들에게 본국으로 철수하라고 명령했다. 이에 따라 남해안 곳곳에 주둔해 있던 왜군들은 11월 15일까지 부산에 집결하기로 했다. 이 명령이 고니시에게 전달된 것은 조·명 연합군이 물러가고 소강상태를 유지하던 10월 중순이었을 것으로 추정된다.

고니시는 명 제독 유정에게 바닷길을 이용해 11월 10일 부산으로 철수하게 해준다면 순천왜성과 모든 물자·장비를 명군에게 넘겨주겠다며 휴전을 제안했다. 순천에서 부산까지 먼 길을 육상으로 철수하는 것은 조선 관군과 의병의 공격 때문에 사실상 불가능했다. 전투보다는 협상을 통한 종전을 희망하던 유정은 고니시의 제안을 받아들여, 왜군 철수를 지원할 부총병 오광 등 군사 40명을

순천왜성 본성 성벽. 순천왜성 일부 성곽과 장대는 2006년 복원돼 현재
모습을 갖추고 있으며, 일부 성벽에선 지금도 복원공사가 진행되고 있다.

순천왜성에 파견했다.

　명군 도독 진린은 이 정보를 이순신에게 알렸다. 진린 역시 전투
보다 협상을 원했지만, 경쟁자인 유정에게 모든 전공을 빼앗길 수
없었다. 특히 순천왜성이 유정에게 넘어가는 것은 용납할 수 없었
다. 조·명 연합 수군은 바다로 철수하는 고니시군을 격멸하기 위
해, 500척 규모의 연합 함대를 이끌고 11월 9일 순천왜성 인근 광양
만으로 다시 출전했다.

　고니시는 퇴로를 확보하기 위해 유정에 이어 진린도 매수하려
했다. 고니시는 진린에게 은, 말, 돼지, 술, 창칼 등을 전하며 "전쟁

　　　　　　　　　　　　역사의 블랙박스, 왜성 재발견

에서는 피를 보지 않는 것을 귀하게 여깁니다. 본국으로 돌아갈 수 있도록 길을 빌려주십시오"라고 청했다.

고니시는 이순신도 매수하려 했으나, 이순신은 이를 단호히 거절했다. 이순신은 고니시가 선발대로 전함 10여 척을 부산에 보내려는 것도 진로를 차단해 허용하지 않았다. 고니시가 진린에게 "강화를 약속하고도 어째서 싸우려 하는 것이오"라고 항의하자, 진린은 "이순신이 그렇게 하는 것이니, 내가 어찌할 수 없소"라고 답했다. 이순신은 고니시를 결코 살려 보낼 생각이 없었던 것이다.

순천왜성에서 고립된 고니시는 진린의 묵인하에 남해왜성에 주둔하고 있던 자신의 사위 소 요시토시에게 구원을 요청했다. 고니시의 상황을 알게된 왜군들은 일제히 행동에 나섰다. 순천왜성 앞바다에서 고니시의 퇴로를 틀어쥐고 있던 조·명 연합 수군은 왜군 구원 병력을 먼저 격파하기 위해 11월 18일 밤 노량해협으로 서

둘러 옮겨 갔다. 임진왜란 마지막 전투인 '노량해전'이 기다리고 있었다.

임진왜란이 끝난 다음 해인 1599년 음력 2월 2일 선조는 별전에서 대신, 육경, 비변사 등 당상관들을 모아놓고 전쟁의 결과와 대책을 논의했다. 이 자리에선 명군 서로군의 사령관으로서 순천왜성 전투 때 조·명 연합군을 지휘했던 제독 유정에 대한 비판이 쏟아졌다.

형조판서 이헌국이 "왜교성(순천왜성)에서 행장(고니시 유키나가)이 한밤중에 철수하여 도망갔는데 이튿날 유 제독(유정)이 비로소 들어가 점거하였다고 합니다"라고 아뢰자, 선조는 "적이 물러가 텅 빈 성이라면 어린아이라도 들어가 점거할 수 있을 것이다"라며 못마땅해했다.

영돈녕부사 이산해는 "유 제독은 황제의 명을 받고 적을 치러 나왔으면서도 마침내 적은 치지 않고 도리어 그들(왜군)과 강화를 하였으니 매우 무상합니다. 적이 물러간 뒤에야 비로소 들어가 성첩을 허물어 성을 함락시킨 것처럼 하고, 땅에 묻은 시체의 머리를 잘라 자신이 잡은 것처럼 하는 등 조정을 기만하는 행위가 이처럼 극도에 이르렀습니다"라고 보고했다.

역사의 블랙박스, 왜성 재발견

순천왜성 천수대. 임진왜란 당시엔 천수대 위에 기와지붕을 인 5층
망루이자 왜장 고니시가 거처했던 지휘소 천수각이 세워져 있었다.

전라도의 유일한 왜성

정유재란을 일으킨 왜군은 1597년 7월부터 전라도를 휩쓸고 북
상했으나 채 두 달도 되지 않아 조 · 명 연합군의 반격에 밀려 전주
에서 주춤한다. 왜군은 8월 말 전주에 모여 회의를 한 뒤, 가토 기
요마사만 계속 북상하고 나머지는 남쪽으로 회군한다. 전남 순천
으로 남하한 고니시 유키나가 등은 1597년 9월 2일부터 12월 2일
에 순천왜성을 쌓고, 전쟁이 끝날 때까지 이곳에 주둔했다. 순천왜

성은 정유재란을 포함한 임진왜란 7년 전쟁 동안 왜군이 쌓은 왜성 가운데 가장 서쪽에 있으며, 현재 행정구역상 전남에서 유일한 왜성이다.

순천왜성 축성자에 대한 학설은 우키다 히데이에(宇喜多秀家)와 도도 다카도라(藤堂高虎)가 쌓았다는 설과 고니시 유키나가가 쌓아 주둔했다는 설로 나뉜다. 고니시가 1597년 12월 2일 순천왜성 완공과 관련해 우키다 히데이에와 도도 다카도라에게 보낸 문서가 아사노(淺野) 가문에 남아 있는데, 이 문서를 해석하기에 따라 축성 공사 완료 보고서로도 읽히고, 완성된 순천왜성에 대한 인수 확인서로도 읽히기 때문이다.

순천왜성은 예교성, 왜교성, 왜성대, 망해대 등 여러 이름으로 불렸다. 순천왜성은 전남 순천시 해룡면 신성리 뒷산에 있다. 이 산의 산줄기는 광양만 바다로 길쭉하게 뻗어 있고, 서쪽을 제외한 삼면이 바다와 접해 있는데, 산줄기의 끝부분 구릉 꼭대기에 왜성이 자리 잡고 있다. 이 때문에 바다에서 순천왜성을 보면 마치 섬 위에 올라앉아 있는 것처럼 느껴지고, 이 섬은 육지와 좁고 예리한 다리로 연결된 듯한 착각을 일으켜 예교성이라는 이름이 붙었다고 한다. 여기에 왜군이 주둔했기 때문에 왜교성, 왜성대라고도 불렸다. 하지만 임진왜란 이전부터 이 일대가 예교 또는 왜교로 불렸다는 학설도 있다. 망해대는 광해군 때 순천부사로 부임한 이수광이 왜교라는 이름이 아름답지 못하다며 새로 붙인 것이다.

성안 가장 높은 곳에는 기와로 지붕을 덮은 5층 망루가 세워졌다. 왜장 고니시가 거주하며 지휘했던 천수각이다. 천수각이 세워졌던 천수대에는 아직도 주춧돌이 남아 있는데, 이를 통해 천수각

1층 면적은 가로 18m 세로 14m였던 것을 알 수 있다. 육지로 이어진 서쪽에는 해자를 파서 바다와 통하게 했다. 해자 바깥쪽에는 목책도 설치했다.

고니시는 순천, 광양, 흥양, 보성, 낙안, 장흥 등 주변 고을에 군사를 배치해 순천왜성의 방어벽을 쳤다. 고니시는 또 오랜 전쟁에 지친 조선 백성들에게 일본 백성으로 인정하는 징표인 민패를 발급하고, 살던 곳에 그대로 정착해서 농사를 짓도록 했다. 이는 일반 백성의 협조를 이끌어내려는 회유책이면서, 동시에 세금으로 곡식을 거둬 군량미를 확보하려는 방안이었다. 왜군에 투항해 부역행위를 하는 백성도 일부 있었지만 왜군의 회유 전략은 큰 효과를 거두지 못했고, 오히려 조선 관군과 의병의 반격은 갈수록 거세졌다. 결국 고니시의 영향권은 갈수록 위축돼, 1598년 여름부터는 사실상 순천왜성과 인근 지역으로 한정됐다.

순천왜성 전투를 직접 목격했던 좌의정 이덕형은 "예교(순천왜성)는 산이 길게 바다로 뻗어 나와 양쪽은 해변이고 한쪽은 육지와 이어져 있는데, 성을 다섯 겹으로 쌓아 외성을 함락시키더라도 내성이 또 있으므로 결코 함락시키기 어려웠습니다. 그리고 적의 가옥이 밖에서 보면 한 채도 없는 것 같으나 안에 들어가 돌아보면 수없이 많았습니다. 소신이 높은 곳에 올라가서 보니 행장의 집이 동쪽에 있었는데(중략)"라고 선조에게 순천왜성의 구조를 설명했다.

순천지역 선비였던 조현범은 1784년 쓴 『강남악부』에서 순천왜성을 "만력 정유(1597년) 연간에 왜구가 이곳에 주둔하였다. 성(순천부 읍성)에서 20여 리쯤 떨어져 있고, 서쪽으로 육지와 맞닿았는데, 동쪽으로는 큰 바다에 접해 있어 한번 바라보면 끝이 없었다. 왜적

복원공사가 진행 중인 순천왜성 성벽. 성벽돌 제각각의 정확한 위치를
파악하기 위해 곳곳에 청색 테이프가 붙여져 있다.

이 겹으로 성을 쌓고 돌을 모아 탑을 만들었는데 층층이 계단도 있
었다. 그 앞은 목장 하나라도 할 수 있을 만큼 충분히 넓었고, 그 평
평하기는 손바닥 같았다. 가장 높은 데는 필시 왜장이 거처하던 곳
이었을 것이다. 동남쪽 모퉁이는 돌벽인데 바다에 붙어 있어 몇 길
이나 되는지 알 수 없다. 왜적들이 위험을 피하고자 다리를 만들어
놓고 다녔는데 낮에는 설치해두고 밤이면 끊어놓았다. 서북쪽 모퉁
이는 육지와 통해 있어 적들은 피습당할 것을 우려하여, 땅을 파고
바닷물을 통하게 하려 섬으로 만들려 하였으나 뜻을 이루지 못했
다. 남은 흔적은 지금도 있다. 실로 호남과 영남 사이의 가장 빼어

역사의 블랙박스, 왜성 재발견

난 경치가 될 만하다"고 소개했다.

순천왜성은 일제강점기인 1938년 고적으로 지정됐고, 우리 정부는 1962년 사적 제49호(승주 신성리성)로 지정했다. 하지만 1996년 일제강점기 문화재에 대한 재평가 과정을 거쳐, 1997년 1월 1일 사적에서 해제됐고, 다시 1998년 1월 1일 전남도 기념물 제171호(순천왜성)로 지정됐다. 사적 지정 당시에는 면적이 32만 1000m²에 이르렀으나, 지방기념물로 지정된 곳은 국유지인 임야 18만 8428m²로 축소됐다.

주변 바다는 율촌산업단지 조성을 위해 매립되면서 좁은 수로만 남긴 채 육지로 바뀌었고, 고니시군의 탈출을 막기 위해 조선 수군이 주둔했던 섬인 장도는 매립용 흙으로 사용되면서 훼손됐다. 2006년 일부 성곽과 장대가 복원됐으며, 현재도 복원공사가 진행되고 있다.

순천왜성 위치 및 구조

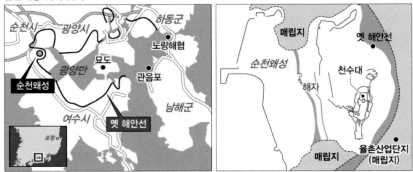

순천왜성 : 전남 순천시 해룡면 신성리 산 1
주변 관광지 : 낙안읍성, 선암사, 송광사, 순천만, 순천만정원 등

역사의 블랙박스, 왜성 재발견